UNSER

L E B E N

VOLLER

WUNDER

EINE ENTDECKUNGSREISE

UNSER

LEBEN

VOLLER

WUNDER

TIEFE ZUFRIEDENHEIT
UND LEBENSSINN ERFAHREN

PETER ZAISER

Bibliografische Informationen der Deutschen Nationalbibliothek: Die
Deutsche Nationalbibliothek verzeichnet diese Publikation in der
Deutschen Nationalbibliografie, detaillierte bibliografische Daten sind
im Internet über http://dnb.dnb.de abrufbar.

Fotorechte
Coverfoto: ©pixabay.com / Bearbeitung: Peter Zaiser
Fotos im Innenteil: ©pixabay.com, ©Peter Zaiser

Herstellung und Verlag
BoD – Books on Demand, Norderstedt

ISBN: 978-3-7543-4305-0

***

Ich widme dieses Buch allen Menschen,

die den Mut haben,

sich den Fragen nach dem Sinn, Ursprung

und Ziel unserer Welt zu stellen.

Die Wunder des Lebens geben die wesentlichen

Antworten, wenn wir sie wahrnehmen wollen.

Dank

Ein kleines wunderbares Team von Helfern hat das Manuskript dieses Buches gelesen, korrigiert und bezüglich der Verständlichkeit bewertet. Viele Testleser haben mir wertvolle Rückmeldungen gegeben. Ich darf mich herzlich bei folgenden Personen namentlich bedanken, die mir durch ihre Korrekturen sehr geholfen haben. Ihnen ist es zu verdanken, dass dieses Buch in der Qualität und Form entstehen konnte:

Silvia Baumgartner, Margot Breu, Martha Büttner, Sabine Erber, Gerhard Gregori, Marita Kutscher, Willi Neumaier, Udo Püschel, Dr. Reinhard Rametsteiner, Dr. Roxane Riegler, Michaela Weixelbaumer und meine Frau Damaris Zaiser.

Inhalt

WEM KANN ICH VERTRAUEN?

WAS DARF ICH HOFFEN?

WILLKOMMEN

Wo ich gerade sitze, habe ich einen wunderschönen Ausblick. Das Meer ist rund 20 Meter entfernt. Die Sonne steht über dem Horizont und färbt sich zu einem roten glühenden Ball. Leute bleiben stehen und blicken in Richtung Sonne, einige fotografieren. Ich genieße die warme Brise und die Aussicht auf das weite Meer. Die sanften Wellen brechen und verwandeln sich in ein schäumendes weißes Band. So einen Kraft spendenden Moment möchte ich gerne in den Alltag mitnehmen. Ich bin von diesem Naturschauspiel berührt, wie die vielen Menschen hier, die sich auf einer alten Mauer, Bänken oder direkt am Strand niederlassen. Alle beobachten, wie die Sonne langsam im Meer versinkt.

Ich denke, dass diese Terrasse der perfekte Ort ist, um über das Leben mit allen seinen schönen Seiten nachzudenken. So wie dieser Sonnenuntergang uns auftanken lässt, soll auch der Blick auf die Wunder des Lebens uns mit Kraft und Zuversicht erfüllen. Ich möchte mit diesen Wundern, die uns umgeben, über drei Fragen nachdenken: Wer bin ich? Wem kann ich vertrauen? Was darf ich hoffen? Ich bin überzeugt, dass es gute und glaubwürdige Antworten gibt, die unser Leben bereichern.

Die Geburt meines Sohnes war für mich ein Wunder und beglückender Moment. Ich durfte ihn seine erste halbe Stunde in dieser Welt in meinen Armen halten. Ich erinnere mich, wie eine Bekannte über unseren Neugeborenen scherzte: „Der braucht noch lange, bis er ein Mensch wird!" Ein Kind braucht Liebe und Führung. Die Versorgung durch Hygiene, Nahrung und Kleidung reicht nicht aus. Es benötigt das Gefühl geborgen zu sein, sonst würde es seelisch verkümmern und körperlich krank werden. Dazu habe ich einen Bericht von einer jungen Frau gehört, die ihr erstes Kind bekommen hat. Sie hat dabei ein Wunder entdeckt, das ihr bis zur Geburt ihres Babys nicht bewusst war. Dazu mehr im folgenden Abschnitt.

Ihr Peter Zaiser

MEHR ALS CHEMIE

Jennifer Fulwilers Eltern hatten ihr vermittelt, dass nur Wissenschaft und Rationalität, die alles entscheidenden Grundlagen für das Leben sind, doch nach der Geburt ihres ersten Babys brachen in ihr neue Gedanken auf. Sie hielt ihr eigenes Kind in den Armen und empfand eine starke Zuneigung. Sie fragte sich angesichts ihres atheistischen Weltbildes: "Was ist dieses Baby? Aus rein materieller wissenschaftlicher Sicht eine Sammlung von Materie, die durch chemische Reaktion in einem evolutionären Prozess entstanden ist. Ich erkannte, wenn das wahr wäre, dann wäre die ganze Liebe, die ich empfinde, nichts anderes als eine chemische Reaktion in meinem Gehirn. Ich blickte auf mein Kind und wusste, das stimmt nicht. Das kann nicht die ganze Wahrheit sein. Dann machte ich mich auf die Suche!"[1] Ihr wurde bewusst, dass die Liebe, die sie für ihr Baby empfand, echt war und eine andere Quelle haben musste als nur das Zusammenspiel chemischer Reaktionen und Nervenzellen.

---

[1] YouTube, Jennifer Fulwiler, Testimony - From Atheist to A Daughter of God, 2013

Warum gibt es ein ethisches Kriterium wie Liebe und warum wirkt sie sich auf die gesunde Entwicklung eines Kindes entscheidend aus? Ein Neugeborenes kann nicht gesund heranwachsen, wenn es nicht die Liebe der Eltern erfährt. Ohne Zuwendung und liebevolle Bezugspersonen entstehen Störungen, die sein weiteres Leben beeinträchtigen. Warum reagiert ein menschliches Wesen so intensiv auf Zuwendung? Eine rein materialistische Erklärung für die Bedürfnisse, Fähigkeiten und Eigenschaften des Menschen reicht nicht aus, denn Atome, Moleküle und Organe empfinden keine Liebe. Sie funktionieren einfach. Warum ist das Ergebnis dieser einzelnen Teile des Menschen nicht ein empfindungsloses Wesen, das nach dem ihm vorgegeben Naturgesetzen reagiert? Die Liebe als individuelles Geschehen passt hier nicht dazu.

Den Menschen muss mehr ausmachen als allein biologische Vorgänge. Wenn unser Denken und Handeln nur das Ergebnis von chemischen Prozessen wären, dann hätten wir uns ja nicht wirklich dafür entschieden. Dann wäre jeder, der böse handelt, nicht dafür verantwortlich. Wir gehen bei normaler Zurechnungsfähigkeit davon aus, dass ein Verbrechen nicht das Ergebnis von chemischen Prozessen ist, sondern der Täter sich entscheidet. Wie erklären wir die persönliche Verantwortung des

Menschen? Folgende Aussage aus der Bibel entspricht eher der Wirklichkeit als die rein materialistische Sichtweise: „Und Gott schuf den Menschen zu seinem Bilde, zum Bilde Gottes schuf er ihn; und schuf sie als Mann und Frau."[2] Es gibt einen Gott, der seine eigenen Fähigkeiten zur Individualität und Liebe den Menschen gegeben hat. Deshalb haben wir ein Ich, das denken, fühlen, entscheiden und handeln kann. Diese Sichtweise gibt dem Menschen seine Eigenständigkeit und Würde. Erst auf dieser Grundlage ist Liebe zwischen Menschen ernst zu nehmen, weil wir als autonome Wesen kommunizieren und schließlich eine Entscheidung für oder gegen eine Beziehung treffen können.

Jennifer Fulwiler hat das Wunder der Liebe erkannt und daraus ihre Schlüsse gezogen. Für sie war es ein deutlicher Hinweis, dass unser Leben mehr ist als das Ergebnis chemischer Reaktionen.

---

[2] 1.Mose 1,26.27 (LUT) Diese Angaben von Bibeltexten zeigen immer zuerst den Namen des Buches, das Kapitel und die Verse. In Klammer sind verschiedene deutsche Bibelübersetzungen angegeben: LUT-Luther, NLB-Neues Leben; GNB-Gute Nachricht, HFA-Hoffnung für Alle

ICH DENKE, DARUM BIN ICH

Thomas Christian Kotulla[3] hat sich schon immer gerne mit philosophischen Themen beschäftigt, doch bedingt durch eine unerklärliche, lebensbedrohliche Krankheit bekamen grundlegende Lebensfragen in seinem 26. Lebensjahr plötzlich eine ganz persönliche Dimension. Für ihn begann eine lange Reise, die sich mit dem Sinn des Lebens auseinandersetzte. Das Ergebnis seines Suchens war ein Buch mit dem Titel „Die Begründung der Welt".[4] Er beschreibt sich als einen eher skeptischen und rationalen Menschen mit einem ursprünglich atheistischen Weltbild. Die Evolutionstheorie und das Leid in der Welt waren für ihn Gründe an einer Existenz Gottes zu zweifeln. Ihn ließ zwar die Frage nach Gott als intellektuelle Herausforderung nie los, aber erst durch seine Krankheit brach alles, woran er bisher geglaubt hatte, wie ein Kartenhaus zusammen. Das Streben nach Lebensglück und Erfolg wurde durch die lebensbedrohliche Situation in Frage gestellt. Was bleibt angesichts des Todes? Nachdem er erkannte, dass sein Weltbild keine

---

[3] Prof. Dr. Thomas Christian Kotulla ist Professor für wertorientierte Unternehmensführung und -finanzierung an der University of Europe in Berlin, Quelle: was-soll-ich-hier.com
[4] Thomas Christian Kotulla, Die Begründung der Welt, Brunnen Verlag, Basel, 2013

tragende Kraft hatte, bedrückte ihn diese Aussichtslosigkeit. Kotulla kam zur Einsicht, dass er die wesentlichen Lebensfragen verdrängt hatte und sich ihnen stellen musste. So entschied er, sich mit diesen Themen tiefer auseinander zu setzen.

Kotulla beschäftigte sich mit dem freien Willen des Menschen. Atome, Moleküle, Zellen oder Organe reagieren exakt nach vorgegebenen Regeln. Aber warum sind wir Menschen mit einem freien Willen ausgestattet? Persönliche, bewusste Entscheidungen oder Meinungen sind etwas „Übernatürliches", so Kotulla. Die Tatsache, dass wir über ein Thema diskutieren und unsere eigene persönliche Meinung sagen können, weist auf etwas in uns hin, das über den Naturgesetzen steht. Wenn sich Menschen über ein Thema austauschen, dann ergibt dies nur Sinn, wenn wir davon ausgehen, dass jeder eine persönliche Meinung hat. Bin ich nur das Ergebnis von Naturgesetzen, würde ein Meinungsaustausch ohne Bedeutung sein. Ich spreche dann nicht mit einer anderen Person, sondern mit einer biologischen Maschine, die irgendeine Ansicht ausspuckt. Obwohl Denken und Entscheiden von körperlichen Funktionen abhängig sind, weisen diese über die biologischen Fähigkeiten hinaus.

Der Blick auf unsere Individualität zeigt, dass wir mehr sind als die Summe unserer Atome. Wenn wir über ein Instrumentarium verfügen, das über den rein physikalischen Gesetzen steht, dann lässt sich fragen, woher wir das eigenständige Denken und Wollen haben. Eine sinnvolle Schlussfolgerung wäre, dass Denken und Wollen von einem höheren Wesen kommen, das über den Naturgesetzen steht und ebenfalls eine individuelle Person ist.

ETHISCHE ANTENNE

Mich fasziniert im Zoo der Bereich, in dem ich Affen beobachten kann. Ich versuche an ihrem Verhalten etwas über ihre Gedanken und Emotionen zu erfahren. Vor ein paar Jahren standen meine Frau und ich im Münchner Zoo vor einem Gorilla, der sich vor uns aufrichtete und einen Kopf größer war als wir. Er ging ein paar Schritte auf uns zu und ich sagte zu meiner Frau: „Blick ihm nicht direkt in die Augen", doch es war zu spät. Der Gorilla holte mit seiner rechten großen Hand aus und schlug zu. Wäre die dicke Glaswand nicht dazwischen gewesen, hätte er meine Frau schwer verletzt. Ist das Verhalten des Gorillas als ethisch böse zu bewerten oder handelte er instinktgetrieben?

Bernhard Blaszkiewitz, Direktor vom Berliner Zoo, hat zu seinen Tieren eine besondere Beziehung. Er kennt und liebt sie alle. Gerne führt er auch Besucher durch den Zoo. Am 8. Juni 2009 machte Blaszkiewitz mit einem Bekannten bei den Schimpansen Halt. Pedro, ein Männchen, näherte sich dem Direktor, der gerade ein paar Walnüsse in seine rechte Hand legte, um sie ihm hinzuhalten. Pedro kam näher, ergriff die Hand und biss Blaszkiewitz den Zeigefinger ab. Der Direktor hatte damit gegen die Sicherheitsvorkehrungen verstoßen und bekannte, selbst schuld zu sein, denn es ist nicht erlaubt, die Tiere direkt aus der Hand zu füttern. Für Pedro hatte der Angriff keine Konsequenzen, denn er hatte einen guten Ruf.[5] Es kommt leider auch vor, dass Menschen anderen Menschen den Finger abbeißen. Eine schreckliche Vorstellung. In so einem Fall drohen dem Täter bis zu zehn Jahre Haft. Pedro wurde nicht bestraft, aber Menschen, die solche Taten begehen, schon? Warum ist das so? Tiere haben zwar einen Intellekt, aber keine Reflexionsfähigkeit über ethisches Handeln. Sie freuen sich über eine Belohnung und fürchten sich vor Strafe. Ein Affe, der in einem Zoo einem Direktor in die Hand beißt, wird nicht vor Gericht geführt und verurteilt. Er fühlt sich auch nicht schuldig. Das Tier ist von seinem Instinkt getrieben und kann über ein mögliches moralisches Vergehen nicht nachdenken. Leider werden manche Menschen Tieren ähnlich und verdrängen ihre Fähigkeit, Handlungen ethisch zu bewerten.

Warum haben wir diese ausgeprägte Anlage zur Moralität? Würde man uns in alle biologischen Bauteile zerlegen, fänden wir keine Antwort darauf. Dass Liebe und Gerechtigkeit real und wichtig sind, können wir nicht im Labor beweisen, doch unsere eingebaute ethische Antenne gibt uns Gewissheit.

---

[5] morgenpost.de, 08.06.2009

Wir reagieren intensiv auf Ungerechtigkeit, indem wir uns nach Wiedergutmachung sehnen. Den Wunsch nach Gerechtigkeit nehmen wir nicht nur intellektuell, sondern auch emotional wahr. Eine innere Unruhe steigt in uns hoch, wenn wir uns ungerecht behandelt fühlen. Der Leidensdruck durch erfahrene Ungerechtigkeit ist ein deutlicher Hinweis, dass wir ethisch denkende Wesen sind. Manche versuchen mit Ausreden ihr böses Handeln zu rechtfertigen, aber genau das weist wieder auf den Gerechtigkeitssinn in uns hin. Woher wir diese Fähigkeit haben, lässt sich wissenschaftlich nicht erklären. Sie ist ein Rätsel, wenn wir den Menschen nur als das Ergebnis von zufälligen chemischen Prozessen betrachten. Atome, Moleküle und Organe haben keine ethischen Antennen.

Was ist in uns verborgen, das uns sehr wohl genau unterscheiden lässt zwischen Gut und Böse? Der Oxford-Ethiker John Leslie Mackie, obwohl Atheist, bekannte: „[Die Ethik] ist eine derart eigenartige Ansammlung von Eigenschaften und Beziehungen, dass es höchst unwahrscheinlich ist, dass sie aus einer gewöhnlichen Abfolge von Prozessen heraus entstanden ist, ohne einen allmächtigen Gott, der sie erschaffen hat… Folglich liefert die Moral uns ein vertretbares Argument zur Existenz eines Gottes."[6] Die ethischen Antennen des Menschen können am überzeugendsten damit erklärt werden, dass es einen Gott gibt, der uns diese Fähigkeiten zur ethischen Beurteilung gegeben hat. Wir sind nach seinem Bild geschaffen und damit haben wir auch die Möglichkeit bekommen, Gut und Böse zu unterscheiden.

Unabhängig von Kultur und Erziehung gibt es in uns ein Empfinden für Recht und Unrecht. Der Apostel Paulus schreibt an die Christen in Rom, dass alle Menschen ein ethisches Gesetz in ihren Herzen haben. Unser Gewissen beweist das, indem wir einander anklagen oder auch entschuldigen.[7] Es ist demnach vernünftig davon auszugehen, dass die Fähigkeit Gut und Böse zu unterscheiden ein Hinweis auf Gott ist. Es ist ein Geschenk von dem, der selbst gerecht und gut ist.

---

[6] Wo ist Gott in dieser Welt? John Lennox, Daniel-Verlag, Lychen, 2020, S. 36
[7] Römer 2,15

LIEBE UND SEXUALITÄT

1980 fragte ein Radiosender bei einem New Yorker Krankenhaus an, wer bereit wäre, eine wöchentliche Sendung über Sexualerziehung zu machen. Die Psychologin Ruth Westheimer meldete sich als Einzige und gestaltete mit einem kurzen Beitrag nach Mitternacht ihre Beratung. Sie wurde sehr schnell bekannt. Ihre Sendung wurde von 15 auf 30 Minuten und dann auf eine Stunde verlängert. Zehn Jahre später wechselte sie zum Fernsehen. Ihre humorvolle Art über sexuelle Intimität zu sprechen, wurde sehr geschätzt. Sie zitierte dazu gerne den Talmud: „Eine Lektion, die mit Humor gelehrt wird, bleibt eine Lektion." Westheimer selbst erklärt ihren Erfolg bis heute mit ihrer „Chuzpah, über Dinge zu reden, die andere peinlich vermeiden" – und damit, dass „für uns Juden Sex nie eine Sünde war".[8] Das hat mit der Bibel zu tun, die den Körper als Schöpfung, und Sexualität als ein Geschenk Gottes betrachtet: „Der am Anfang den Menschen geschaffen hat, schuf sie als Mann und Frau."[9] „Deine Frau soll gesegnet sein. Freue dich an ihr, die du geheiratet hast, als du jung warst. Sie ist wie eine liebliche Gazelle, wie ein anmutiges Reh. Ihre Brüste sollen dich allezeit berauschen, ihre Liebe soll dich stets in

---

[8] taz.de, 4.6.2018
[9] Matthäus 19,4 (LUT)

Bann ziehen."[10] Nach der Bibel hat Gott unseren Körper geschaffen, deshalb ist er als grundsätzlich positiv zu bewerten und damit auch die sexuellen Empfindungen, die uns ein ganzes Leben begleiten. Ein verantwortlicher Umgang mit der sexuellen Lust wird in der ganzheitlichen Sichtweise der Bibel bejaht.

Die Trennung von Körper und Seele in der Philosophie und Religion führte zu einer negativen Bewertung der Sexualität. Die gute Seele wurde als das Göttliche dargestellt, die in einem bösen Körper gefangen sei. Ein Höhepunkt dieser Entwicklung ist die Forderung, dass Geistliche zölibatär leben sollten. Erst mit der Besinnung auf die ganzheitliche Sicht der Bibel kam es zu einem Umdenken. Mit der Reformation im 15. Jh. wurde betont, dass das sexuelle Bedürfnis Teil der göttlichen Ordnung sei wie Essen und Trinken.[11] Auf der anderen Seite gibt es heute jene, die die seelischen Bedürfnisse ignorieren und die Sexualität zwischen zwei Menschen zu einem rein körperlichen Geschehen machen wollen. Die Trennung von seelischen Bedürfnissen und Sexualität führt zu einer Entwertung des Menschen und seiner sexuellen Erfahrung.

---

[10] Sprüche 5,18.19 (NLB)
[11] Martin Luther, Vom ehelichen Leben, Weimarer Ausgabe 10/II, 1522, S. 276

Über das Thema Sexualität und Genuss sagte die Sexualberaterin Westheimer, dass dies in einer Beziehung gelingen kann, wo es gegenseitiges Vertrauen und Verbindlichkeit gibt: "Betonen möchte ich jedoch noch einmal, dass Sex zwischen zwei Menschen, die in einer stabilen Beziehung leben, viel besser ist als Sex zwischen zwei Menschen, die sich mehr oder weniger fremd sind."[12] Menschliche Sexualität besteht eben nicht nur aus körperlicher, sondern auch aus seelischer Intimität. Auch wenn es von denen abgestritten wird, die mit Pornografie oder Prostitution ihre Geschäfte machen, ihre käufliche Befriedigung ist letztlich eine leere Hülse, die einsame Menschen zurücklässt. Die Verlogenheit der unverbindlichen sexuellen Begegnung blendet die psychischen Bedürfnisse des Menschen aus. Durch ethische Grundlagen behält der Mensch seine Würde und seinen Wert. Das gilt besonders für das Thema der Sexualität. Vertrautheit, Verbindlichkeit und Treue sind die wahren erogenen Zonen des Menschen, die die körperliche Liebe zum Genuss machen. Das ist ein Hinweis auf einen ethischen Ursprung des Lebens, der über das rein Biologische hinausgeht. Gott schuf die intensiven Gefühle als Zeichen seiner Liebe und der Freude am Leben. „Es ist nicht gut für den Menschen allein zu sein. Ich will

---

[12] br.de, 26.08.2020

ihm ein Wesen schaffen, das zu ihm passt."[13] „Danach betrachtete Gott alles, was er geschaffen hatte. Und er sah, dass es sehr gut war."[14] Damit drückt Gott aus, was das eigentliche Ziel des Lebens ist: Gemeinschaft zu erleben, zu lieben und geliebt zu werden. Das Wunder der Sexualität in Verbindung mit den ethischen Kriterien der Verbindlichkeit und des Vertrauens ist damit ein Hinweis auf den Schöpfer.

---

[13] 1.Mose 2,18 (NLB)
[14] 1.Mose 1,31 (NLB)

DER KREATIVE MENSCH

Manchmal sehe ich hier auf unserer Terrasse Künstler mit ihren Malstaffeleien, ihren Leinwänden, ihren Pinseln und Farben. Sie versuchen diese Umgebung mit ihrer Kreativität zu interpretieren und für sie ist es ein Genuss, sich von der Landschaft inspirieren zu lassen.

Die Gestaltungskraft und Fantasie des Menschen ist eines der großen Wunder in dieser Welt. Ob nun in der Literatur, Malerei, Bildhauerei, Musik und in vielen anderen Kunstrichtungen; der Mensch ist begabt mit Kreativität und kann damit seine Gedanken und Gefühle ausdrücken. Wir haben auch ein ästhetisches Empfinden. Ästhetik ist reinster Luxus und wir könnten ohne sie überleben, doch warum haben wir sie und warum brauchen wir sie? Warum gibt es Schönheit in der Natur und warum nehmen wir sie wahr? Warum sind wir kreativ und können etwas mit Ideenreichtum schön gestalten? Wo Menschen leben, gibt es Kunst und Schönheit. Obwohl es ausgehend vom Kosten-Nutzen-Effekt nichts bringt, sind wir dennoch so angelegt und scheuen zum Beispiel keine Mühe, unsere Wohnungen nicht nur zweckmäßig, sondern auch schön zu gestalten. Es ist, als würde die Psyche Kunst und Schönheit als Nahrung brauchen. Wenn der Mensch nicht kreativ sein kann, verarmt er und das Leben fühlt sich sinnlos an. Der Gestaltungswille ist uns eingeprägt und bereitet uns tiefe Befriedigung. Eine der dominierenden Kunstformen ist die Musik. Wir können mit ihr Gefühle ausdrücken, die man mit Worten kaum in der Intensität beschreiben kann. Wir nehmen diese Töne wahr und in uns entstehen Empfindungen, die auf eine andere Wirklichkeit hinweisen. Warum hören wir gerne Musik? Sie hat eine Botschaft, die weltweit verstanden wird. Musik tröstet, ermutigt, motiviert und lässt uns hoffen. Sie spricht gefühlmäßig unsere tiefsten Sehnsüchte nach Geborgenheit, Entfaltung, Liebe und Gerechtigkeit an. Wir nennen es Unterhaltung, aber in der Musik liegt eine Botschaft. Es soll ein gutes Ende geben nach all den Problemen und Sorgen, die uns bedrängen. Es soll eine hoffnungsvolle Antwort geben auf alle Fragen, die uns verwirren. Oftmals wird in einem Liebeslied etwas angesprochen, was sterbliche Menschen einander gar nicht geben können. Da wird von ewiger Liebe und ewigem Glück gesungen. Dahinter verbirgt sich das Bedürfnis nach einem festen Halt und einer Geborgenheit, die nie endet. Man könnte die Hauptbotschaften der Musik auf drei Worte reduzieren, die in der Bibel vorkommen. Der Apostel Paulus schreibt: „Noch erkenne ich alles nur bruchstückhaft, dann aber werde ich erkennen, so wie ich jetzt schon selbst von Gott erkannt worden bin. Doch nun, in der

Zwischenzeit, bleiben das Vertrauen, die Hoffnung und die Liebe, diese drei Lebenswirklichkeiten. Und die bedeutendste davon ist die Liebe."[15] In diesem Text wird deutlich, dass wir vieles noch nicht verstehen können, aber dass es eine Antwort gibt auf die Sehnsucht nach Vertrauen, Hoffnung und Liebe. In den vielfältigen Formen der Kunst geht es immer wieder darum diese Bedürfnisse anzusprechen, die über eine rein materialistische Sicht des Lebens hinausgehen. Letztlich sind die kreativen Fähigkeiten und die Sehnsüchte, die wir mit Kunst ausdrücken können, ein Hinweis dafür, dass wir von Gott erdacht und geschaffen wurden.

Ich möchte Sie einladen, ein berührendes Lied zu hören. Es heißt „Look at the world" und wurde von John Milford Rutter komponiert. Er gilt gegenwärtig als einer der bedeutendsten und populärsten Komponisten von Chor- und Kirchenmusik. Wenn Sie dieses Lied gehört haben, dann spüren Sie die Botschaft emotional noch intensiver als Worte es allein vermitteln können. Auf der nächsten Seite ist die deutsche Übersetzung des englischen Textes.

---

[15] 1.Korinther 13,12.13 (Roland Werner, Das Buch. Neues Testament, R.Brockhaus in der SCM Verlagsgruppe, Witten, 2009)

Look at the world – John Milford Rutter

Schau auf die Welt,
alles um uns herum.
Schau auf die Welt
und all die Wunder jeden Tag.
Schau auf die Welt:
So viele Freuden und Wunder,
so viele Wunder entlang des Weges.

Refrain: Wir preisen dich,
den Herren aller Schöpfung.
Gib uns dankbare Herzen,
sodass wir sie sehen können.
All die Geschenke,
die wir teilen und jeden Segen,
alle Dinge kommen von dir.

Schau auf die Erde,
wie sie Früchte und Blumen hervorbringt.
Schau in den Himmel,
den Sonnenschein und den Regen.
Schau auf die Hügel,
schau auf die Bäume und Berge,
Täler und fließende Bäche,
Feld und Ebene.

Refrain

Denk an den Frühling,
denk an die Wärme des Sommers,
er bringt die Ernte vor der Kälte des Winters.
Alles wächst, alles hat seine Jahreszeit,
bis es geerntet wird im Schoß des Vaters.

Refrain

Jedes gute Geschenk,
alles, was wir brauchen und wertschätzen
kommt vom Herrn als Zeichen seiner Liebe.
Wir sind seine Hände,
Überbringer seiner Großzügigkeit.
Sein ist die Erde und sein ist der Himmel über uns.

Refrain: Wir preisen dich,
den Herren aller Schöpfung.
Gib uns dankbare Herzen,
sodass wir sie sehen können.
All die Geschenke,
die wir teilen und jeden Segen,
alle Dinge kommen von dir,
alle Dinge kommen von dir.

SINN UND ZIEL

Stellen Sie sich vor, Sie steigen in einen Zug ein und bemerken, dass Sie in die falsche Richtung fahren. Sie sind allein in Ihrem Abteil und wissen nicht, wohin der Zug fährt. Es kommt niemand und klärt Sie auf. Sie blicken nervös umher und halten es auf Ihrem Platz nicht mehr aus. Sie wollen wissen, wo es hingeht und was Sie tun können. Erst als der Zugbegleiter kommt und mit Ihnen die Lage bespricht, beruhigen Sie sich wieder. Endlich wissen Sie, wie Sie auf Ihre Situation reagieren und ihr Ziel erreichen werden. Dieses Beispiel ist auf unser gesamtes Leben übertragbar. Ohne Sinn und Ziel können wir nicht leben. Im Hintergrund unserer Aktivitäten und Gedanken läuft die bewusste oder unbewusste Gewissheit mit, dass das, was wir tun, sinnvoll ist. Sollte diese Überzeugung verloren gehen, reagiert die Psyche mit Unruhe, Demotivation und Depression.

Als junger Psychiater war Viktor Frankl von Schulrichtungen umgeben, die erforscht haben, warum ein Mensch krank wird. Frankl jedoch wollte wissen, was einen Menschen gesund erhält. Eine wesentliche Erkenntnis war, dass der Mensch einen Sinn und ein Ziel in seinem Leben braucht, um psychisch stabil zu bleiben. Er gründete eine neue Therapierichtung, die Logotherapie, die den Menschen unterstützt Sinn im Leben zu finden. Elisabeth Lukas[16], bekannteste Schülerin von Frankl, schreibt von einem zu erfüllenden Sinn des Augenblicks: „Solche Sinngehalte können die Erfüllung von selbstgewählten Aufgaben, die Erforschung eines Neulandes, die Erfindung einer Verbesserung, die Produktion von Kunstgegenständen, die Herstellung neuer Waren, der Kampf gegen einen Missstand oder was immer sein, also ihren Akzent im *Dasein für etwas* zu finden, aber sie können auch in der Gründung einer Familie, in der Liebe zu Kindern, im caritativen Engagement oder in der sozialen Fürsorge für anvertraute Menschen bestehen, also im *Dasein für jemanden* ihre Krönung finden."[17]

Die Logotherapie spricht auch über den Sinn, der über das Leben hinausreicht: „Für jenen Sinn, der vom Menschen nicht mehr erfassbar ist, es sei denn in einem gläubigen Hineinreichen in die Transzendenz Gottes, hat Viktor Frankl den Begriff „Übersinn" geprägt."[18] Die Logotherapie will und kann nichts Näheres über den letzten Sinn des Lebens aussagen, weist aber darauf hin, dass der Mensch für seine seelische Gesundheit diesen

---

[16] Dr. Elisabeth Lukas, Psychotherapeutin, Klinische Psychologin, Logotherapeutin, Buchautorin
[17] Elisabeth Lukas, Psychologische Seelsorge, Herder, 1993, S.25f
[18] Ebenda

bejahen soll. Lukas sagt in einem Interview: „Der Mensch muss irgendetwas glauben. Entweder glaubt er alles ist durch einen Zufall entstanden, dann ist das Ende ein schwarzes Loch - das Nichts. Oder man entscheidet sich zu denken, es muss hinter alldem ein großer letzter Sinn stehen, der alles entstehen hat lassen - der alles durchwaltet und allem eine Richtung und Zukunft gibt. Dass alles nur Zufall ist, ja letztlich ein Unsinn ist, und wieder im Nichts endet - das ist eine Überzeugung - mit der lebt man nicht gut und stirbt man nicht gut."[19]

Frankl fragte sich, was den Menschen ausmacht - im Unterschied zu den Tieren, die ja auch emotionale und begrenzte kognitive Eigenschaften haben. Den Menschen zeichnet aus, dass er sich über seinen Willen, über seine Werte und über den Sinn seines Lebens Gedanken machen kann. Dadurch kommt ihm eine besondere Verantwortung zu. Als Menschen haben wir feine Antennen für das Gute, Wahre und Schöne, aber es gibt auch andere Stimmen, so Lukas[20], die zu unvernünftigen Handlungen führen können. Das Gewissen plädiert für das Gute und ist so gesehen ein Freund des Menschen. Laut Lukas ist sie die allerinnerste und ehrlichste Stimme im Menschen. Frankl lehnte einen naturalistischen Blick ab,

---

[19] Interview auf YouTube, Februar, 2015, wissens-verlag
[20] Ebenda

der besagt, der Mensch sei nichts als Biologie. Es gibt eine geistige Ebene, die es uns ermöglicht über uns und unsere Umwelt zu reflektieren. Frankl war der Ansicht, dass die Eigenschaften, die den Menschen ausmachen, von Gott gegeben sind.[21]

Er sprach von einem Gottesbewusstsein, das in jedem Menschen vorhanden ist und von einer spirituellen Sehnsucht, die nach dem Woher, Wozu und Wohin fragt. Das Gottesbewusstsein kann verschüttet sein, springt aber aus dem Unbewussten hervor, wenn wir sehr schöne Ereignisse, aber auch schwierige Phasen erleben.

Frankl meinte, dass wir Gott zwar nicht begreifen, aber dass wir zu ihm beten können. Wir können ihm alle unsere Fragen und Sorgen anvertrauen und ihm unsere Dankbarkeit für die vielen Geschenke und Wunder des Lebens zeigen.

---

[21] „Die Person ist letztlich zu verstehen als Ebenbild Gottes." Viktor Frankl, Zehn Thesen über die Person, In: Logos und Existenz, Drei Vorträge, Amandus-Verlag, Wien, 1951, S.64

DER GEHEIMCODE DES LEBENS

Nach diesen Abschnitten über die geistigen und seelischen Fähigkeiten des Menschen möchte ich Ihren Blick
von unserer Terrasse aus auf ein anderes Thema lenken.
Die Sonne ist mittlerweile untergegangen. Ein wunder-
schönes Abendrot erfreut unser Herz. Die Natur mit ihrer Flora und Fauna erfüllt einen Sinn und Zweck, wie
auch der Mensch absichtsvoll geplant scheint. Alles ist
darauf ausgerichtet Leben zu schaffen und zu erhalten.
Ich möchte jetzt gerne mit Ihnen über die Zelle als
kleinste und wichtigste Einheit alles Lebendigen nachdenken. Schon viele Jahre beschäftigt mich dieses Wunder und ist für mich ein starker Hinweis, dass es einen
Gott geben muss.

Bei der Zeugung eines Menschen treffen Ei- und Samen-
zelle aufeinander, die eine erste Stammzelle bilden.
Diese teilt und verdoppelt sich viele Millionen Mal, und
auf wundersame Weise organisieren sich die Zellen zu
unterschiedlichen Formen und Funktionen bis der ganze
Mensch entstanden ist. Damit aus der Stammzelle eine
Haarzelle, Hautzelle oder Herzmuskelzelle etc. werden
kann, ist in jeder der 100 Billionen Zellen im menschlichen Körper ein Bauplan verborgen. Hinter diesem rei-
bungslosen Zusammenspiel steht ein hochkomplexer

Code, den wir uns jetzt näher ansehen wollen. Vereinfacht dargestellt setzt sich dieser Bauplan[22] beim Menschen und auch bei Flora und Fauna aus vier biologischen Buchstaben zusammen, die eine lange „Buchstabenkette" im Zellkern einer jeden Zelle bilden.

Was geschieht in einer einzelnen Zelle? Stellen wir uns eine Fabrik mit einem Zentralbüro vor. Zur Steuerung aller Abläufe werden Arbeitsanweisungen aus diesem Büro kopiert und zu den Abteilungen geschickt. Dort gibt es Maschinen, die aufgrund der Pläne die nötigen Einzelteile bauen. Eine eigene Abteilung ist für die Qualitätskontrolle zuständig. Transportfahrzeuge bringen die nötigen Produkte an den richtigen Ort. Es gibt einen Putztrupp, der die Fabrik sauber hält. Frischluftsysteme sorgen für ein gutes Arbeitsklima. Dazu kommen Sicherheitsschleusen, damit niemand unbefugt die Fabrik betritt. Das wäre ein passender Vergleich für das, was in jeder gesunden Zelle geschieht.[23] Im Kern jeder Zelle befindet sich eine gewundene Strickleiter. Diese Leiter, die auf 46 Chromosomen[24] aufgeteilt ist, hat insgesamt rund 6,54 Milliarden Sprossen.

---

[22] Genetischer Code oder die Erbinformation
[23] Peter Zaiser, Unser Leben von oben, 2020, S.77f
[24] 46 Chromosomen in 23 Paaren. Die Leiter (DNA-Strang) ist in jeder winzigen Zelle insgesamt zwei Meter lang.

Auf jeder Sprosse stehen sich zwei bestimmte Moleküle[25] gegenüber. Guanin ist mit Cytosin verbunden und Adenin mit Thymin. Nennen wir sie der Einfachheit halber G, C, A und T.

Die Erbinformation auf dieser Leiter sieht dann schematisch so aus:

A – T
G – C
T – A
G – C
C – G
A – T
T – A

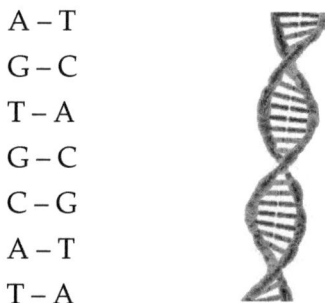

usw. 6,54 Milliarden Sprossen

Im Kern der Zelle werden von dieser Information[26] Kopien[27] von einzelnen Abschnitten gemacht. Die gedrehte Strickleiter[28] wird mit einem Enzym[29] entwunden und dann mit einem anderen Enzym, einer biochemischen

---

[25] Nukleinbasen oder Basenpaare
[26] DNA
[27] mRNA
[28] Doppelhelix
[29] Topoisomerase

Schere[30], auseinander geschnitten. Schließlich fahren Kopierer[31] über einen der getrennten Abschnitte und produzieren eine Kopie. Die Strickleiter wird wieder zusammengesetzt und die Kopie[32] wird aus dem Zellkern zu einer biologischen Maschine[33] gebracht, die jene Informationen liest und damit neue Bausteine, das sind Proteine, für den Körper produziert.[34] Dieser Vorgang geschieht in einer enorm hohen Geschwindigkeit. Pro Sekunde finden etwa eine Milliarde chemische Reaktionen in einer einzelnen Zelle statt.[35] Fassen wir es nochmal kurz zusammen: Ausgehend vom Zellkern werden Informationen übertragen, die zur Zusammenstellung von lebensnotwendigen Bausteinen führen.[36] So wie die unterschiedlichen Proteine die Bausteine des Lebens sind, so ist die Information im Zellkern der Bauplan. Wie ist dieser Text entstanden? Ist der Zufall eine ausreichende Erklärung für die notwendige Feinabstimmung, damit ein Organismus überhaupt funktionieren kann?

---

[30] Helikase

[31] DNA-Polymerase

[32] mRNA; Dabei wird ein biologischer Buchstabe (Thymin) durch einen neuen (Uracil) ersetzt. Der Vorgang heißt Transkription.

[33] Ribosome. Der Vorgang wird Translation genannt.

[34] Jeweils immer drei Buchstaben der Kopie (mRNA) ergeben einen Code für die verschiedenen Aminosäuren, die zu einer langen Kette verbunden werden, wodurch Proteine mit einer bestimmten Faltung und Funktion entstehen.

[35] www.bio-filia.de/2018/03/14/am-anfang-war-die-zelle

[36] schulfilme-im-netz.de: die Zelle – Schulfilm Biologie

Machen wir doch zur Illustration einen kurzen Spaziergang am Strand vor unserer Terrasse. Sehen Sie! Hier hat jemand ein Wort in den Sand geschrieben. Ist es zufällig entstanden? Sobald mehrere Buchstaben hintereinander einen sinnvollen Gedanken ergeben, können wir davon ausgehen, dass eine Person, die sowohl Sprache als auch Schrift beherrscht, diese Zeilen geschrieben hat. Wenn wir das auf den langen Text in der Zelle übertragen, dann gibt es hier ein gutes Argument für einen Schöpfer. Die Information muss ein intelligentes Wesen verfasst haben. Würde man die Informationseinheiten, die in einer einzigen menschlichen Zelle enthalten sind, in Büchern wie dieses zu je 200 Seiten schreiben, so entstünden 26.160 Exemplare.[37]

Über die Komplexität der Zelle meint der Wissenschaftler Michael Denton: „Um die Wahrheit des Lebens zu erkennen, die von der Molekularbiologie entdeckt wurde, müssen wir die Zelle ein Millionen Mal vergrößern. In diesem Fall wäre die Zelle wie ein großes Raumschiff, das von New York bis London reichen würde. Und wenn wir uns der Zelle nähern und sie betrachten, begegnen wir Millionen kleiner Türen. Und wenn wir durch eine dieser Türen hineingingen, stünden wir einer

---

[37] 1250 Zeichen pro Seite x 200 Seiten x 26.160 Exemplare ergibt eine Informationsmenge von 6,54 Milliarden Informationseinheiten

hervorragenden Technologie gegenüber von einer solchen Komplexität, die uns in Verwunderung versetzen würde."[38]

In der Aufklärung hieß es: „Habe den Mut, dich deines Verstandes zu bedienen!"[39] Es gibt genügend Hinweise, sodass wir mit Herz und Verstand davon ausgehen können, dass ein höheres Wesen der Ursprung des Lebens ist. In der Bibel haben wir dazu einen anregenden Gedanken: „Seit Erschaffung der Welt haben die Menschen die Erde und den Himmel und alles gesehen, was Gott erschaffen hat, und können daran ihn, den unsichtbaren Gott, in seiner ewigen Macht und seinem göttlichen Wesen klar erkennen."[40]

[38] Michael Denton, Evolution: A Theory in Crisis, Adler & Adler Pub, 1986
[39] Immanuel Kant, 1784 n.Chr.
[40] Römer 1,20 (NLB)

GENIAL GEBAUT!

Auf unserer Terrasse hören wir das Rauschen des Meeres. Was wäre, wenn wir nichts hören könnten? Es gibt Menschen, die ihr Leben lang nichts gehört haben und erstmals durch einen medizinischen Eingriff ihre Umwelt akustisch wahrnehmen. Sarah Churman war seit ihrer Geburt taub. Durch ein Gehörlosen-Implantat soll sie im Alter von 29 Jahren das erste Mal hören können. Sie sitzt in einem Raum, wo eine Ärztin ihr per Computer die ersten Töne einspielt und schließlich mit ihr spricht. Sarah lacht zuerst, doch dann hält sie sich die Hände vor das Gesicht. Sie ist so bewegt, dass sie über die ersten Töne und Worte, die sie hört, herzzerreißend zu weinen beginnt. Was für ein aufregender Moment für jemanden, in dessen Leben es immer still war.

Hören ist ein hoch komplexer Vorgang. Wir haben es hier mit einem täglichen Wunder zu tun. Zuerst nimmt die Ohrmuschel alle Töne und Geräusche auf. Sie ist so geformt, dass wir erkennen können aus welcher Richtung das Geräusch kommt. Durch den Gehörgang gelangen die Töne bis zum Trommelfell, das in Schwingungen versetzt wird. Von dort werden sie auf einer Kette von winzigen Gehörknöchelchen übertragen.

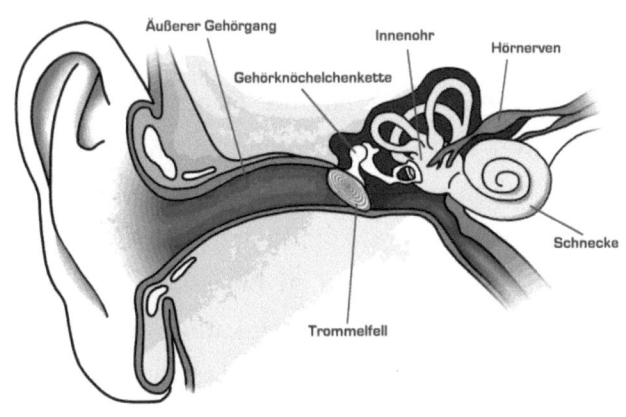

Mittels Hammer, Amboss und Steigbügel wandert das Schwingungsmuster zur Gehörschnecke, die mit Flüssigkeit gefüllt ist. Eine Membran in der Gehörschnecke gerät dadurch in Bewegung. Je nach Ton oder Geräusch werden unterschiedliche Schwingungen erzeugt. Unter der Membran liegen 15.000 Bewegungssensoren, die die Schwingungen in elektrische Signale umwandeln und sie an den Hörnerv weiterleiten.[41] Im Gehirn wird dann das eigentliche Klangbild erzeugt. Das Ohr und letztlich das Gehirn können an die 400.000 Töne voneinander unterscheiden. Es ist nur ein Beispiel des menschlichen Körpers, das sehr komplex gestaltet ist. Abgesehen von Störungen durch Krankheiten sind die Funktionen aller Organe, wie die der Augen, der Nase, der Haut, des

---

[41] Grafik mit freundlicher Genehmigung von IG Nachtflugverbot Leipzig/Halle e.V.

Herzens, der Lunge, der Leber, des Darms, der Nieren und nicht zuletzt des Gehirns erstaunlich perfekt. Durch einen bewussten Blick auf die Komplexität des Menschen drängt sich die Überzeugung auf, dass es einen Designer geben muss. Wenn ein Schöpfer uns Augen, Ohren und einen Mund zum Reden geschenkt hat, dann mit der Absicht, dass wir in Beziehungen leben und diese Werkzeuge der Kommunikation nutzen. Unsere Sprachfähigkeit kann mit anderen Lebewesen in der Natur verglichen werden, aber in der differenzierten Ausdrucksfähigkeit haben wir viel mehr Möglichkeiten als die Tiere. Wenn wir davon ausgehen, dass der Schöpfer dieses Universums, die Erde und uns Menschen geplant hat, dann muss er ein Beziehungswesen sein. Folgender weiser Spruch der Bibel trifft den Nagel auf den Kopf: „Kann denn der, der eure Ohren gemacht hat, taub sein? Kann der, der euch die Augen gab, blind sein?"[42] Ein Schöpfer, der uns kommunikative Fähigkeiten gegeben hat, kann doch nicht selbst ein stummes Wesen sein. Er muss selbst auch reden, hören und sehen können. Wir können mit diesem Schöpfer ins Gespräch kommen, denn wenn er unsere Ohren geschaffen hat, dann hat er sicher ein offenes Ohr für uns. Wenn er unsere Augen geschaffen hat, dann sieht und kennt er uns.

---

[42] Psalm 94,9 (NLB)

WAS DIE WELT ZUSAMMENHÄLT

Von unserer Terrasse aus können wir tausende Sterne über dem ruhigen dunklen Meer sehen. Die funkelnden Lichter am weiten Himmelszelt erzeugen in mir Ehrfurcht und ich frage mich, was das Geheimnis hinter all dem ist, was ich da am Himmel sehe. Je weiter wir in das Universum blicken können desto größer und unheimlicher wird es. Erst seit dem letzten Jahrhundert hat die Wissenschaft erkannt, dass es nicht nur unsere Galaxie gibt mit ihren 100 Millionen Sonnen, sondern dass noch viele Milliarden Galaxien im unendlichen Raum schweben. Was ist dieses Universum? Was ist der Ursprung? Wer sind wir? Diese Fragen sind für Wissenschaftler die Motivation zu forschen. Dabei entdecken sie Erstaunliches.

Ich schätze Harald Lesch, den Medienstar der Populärwissenschaft in Deutschland, weil er komplexe Themen unterhaltsam und verständlich erklärt. In der Sendereihe Alpha Centauri[43] spricht er von den vier Grundkräften der Natur: die Gravitation, die elektromagnetische Kraft, die starke und die schwache Kernkraft und betont, wie genau diese in ihrer Wechselwirkung

---

[43] Alpha Centauri, Sind die Naturgesetze zufällig?, Folge 84; Sendereihe des Bildungskanals BR-alpha des Bayerischen Rundfunks

eingestellt sein müssen. Kleinste Veränderungen dieser Kräfte würden die Entstehung von Leben verhindern oder zerstören.

Die mächtigste dieser Kräfte ist die starke Kernkraft. Sie hält die Atomkerne mit ihren Neutronen und Protonen zusammen und hat eine so geringe Reichweite, dass nicht einmal die Elektronen, die um den Kern kreisen, davon berührt werden. Ohne diese Kraft würden sich die Protonen eines Atomkerns gegenseitig abstoßen. Eine Bildung von Materie wäre ohne die starke Kernkraft nicht möglich.

Die elektromagnetische Kraft als zweitstärkste der vier Grundkräfte ist für die Wechselwirkung zwischen elektrischen Ladungen verantwortlich. Infolge der Kraft der elektrischen Ladung und der magnetischen Polarität ziehen sich entgegengesetzte Ladungen an. Zwischen Körpern mit gleicher Ladung wirkt sie abstoßend. Mit zunehmender Entfernung nimmt die elektrische Ladung ab. Die elektromagnetische Wechselwirkung ist verantwortlich für die meisten alltäglichen Phänomene wie Licht, Elektrizität und Magnetismus. Sie bestimmt zusammen mit der Austauschenergie den Aufbau und die Eigenschaften von Atomen, Molekülen und Festkörpern.

Die schwache Kernkraft wirkt auf kurze Distanzen und ist für die Stabilität der Atomkerne und den Zerfall bestimmter Teilchen verantwortlich. Durch sie kann sich ein Atom in ein anderes Element umwandeln. Ohne diese Kraft gäbe es keine Sonnenwärme, denn in der Sonne werden unter großem Druck und enormer Hitze zwei Wasserstoffatome zu einem Heliumatom umgewandelt und dabei wird Masse in Form von Energie freigesetzt. Durch Kernfusion entsteht somit die Energie, die wir als Strahlung von der Sonne erhalten, ohne die auf der Erde kein Leben existieren würde.

Die vierte entscheidende Kraft ist die Gravitation. Sie ist eine anziehende Kraft zwischen Massen und nimmt in Relation zum Abstand ab. Sie ist zwar die schwächste Kraft, aber über große Entfernungen wirksam und kann - nach heutigem Wissen - nicht abgeschirmt werden. Sie ist die einzige Kraft, die ungehindert über große Entfernungen wirken kann. Sie sorgt dafür, dass Himmelskörper in ihren Bahnen bleiben. Auf der Erde erfüllt die Gravitation wichtige Aufgaben. Sie hält zum Beispiel uns und die Atmosphäre auf der Erdoberfläche.

Einzeln oder in Kombination sind diese vier Kräfte verantwortlich für sämtliche bekannten physikalische Prozesse. Sie müssen genau in dem Verhältnis zueinanderstehen, wie es im Universum ist. In Zahlen ausgedrückt könnte man das Kräfteverhältnis je nach Stärke von der Zahl 1 ausgehend als die stärkste Kraft folgendermaßen beschreiben.

1. Wenn die stärkste Kraft, die starke Kernkraft, die Zahl 1 ist, dann ist 100 die elektrische Kraft, die 100mal schwächer ist.

2. Das Verhältnis von der starken Kernkraft zur schwachen Kernkraft beträgt rund 1 zu 100 Milliarden, also 100 Milliarden Mal schwächer.

3. Und der Unterschied zur Gravitation von der starken Kernkraft ausgehend beträgt 1 zu 10^{39}, das ist eine 1 mit 39 Nullen. Diese Kraft spüren wir zwar im Alltag am meisten, aber im Vergleich zur starken Kernkraft könnte man sagen, dass es die Gravitation praktisch gar nicht gibt.

Professor Lesch sagt, dass das gesamte Universum genau diese Kräfteverhältnisse zueinander haben muss, ansonsten könnte es nicht existieren: „Das Universum muss so sein, wie es ist."[44] Nur kleine Prozentsätze der Veränderung von einzelnen Grundkräften würde zu verheerenden Zuständen führen. Das Leben auf der Erde würde erlöschen und die Ordnung des

---

[44] Ebenda

Universums zusammenbrechen. Professor Lesch stellt in seiner Sendung die Frage in den Raum, ob das Verhältnis der vier Grundkräfte zueinander wirklich Zufall sein könne.[45]

John Charlton Polkinghorne, Teilchenphysiker und Theologe, meint dazu: „Wenn dir deutlich klar wird, dass die Naturgesetze unglaublich fein abgestimmt sein müssen, um das Universum, das wir sehen, zu produzieren, dann erwacht daraus die Idee, dass das Universum sich nicht einfach ereignet haben kann, sondern dass es einen Sinn dahinter geben muss."[46]

[45] Ebenda
[46] John Polkinghorne, Science Finds God, Newsweek, 20.07.1998

OASE IM WELTRAUM

Am 21. Dez. 1968 startete das Raumschiff Apollo 8, um den Mond mehrmals zu umkreisen und Fotos für eine etwaige Landung zu machen. Am Morgen des 24. Dez. erreichte das Raumschiff mit den drei Astronauten William Anders, James Lovell und Frank Borman nach 69 Stunden den Mond. Nach einer kurzen Triebwerkszündung schwenkte das Raumschiff auf die Mondumlaufbahn ein. Kurze Zeit später konnten die Astronauten als erste Menschen die Rückseite des Mondes betrachten. Sie sahen die öde und leblose Oberfläche und dachten, wie lebensfeindlich doch dieser Trabant aussehe. Nachdem sie den Winkel der Umrundung um den Mond etwas geändert hatten, geschah etwas für sie Beeindruckendes. Vor den Augen der Astronauten ging ihr blauer Heimatplanet über der trostlosen Mondoberfläche auf. Sie waren tief beeindruckt und berührt von der Schönheit der Erde und dem tiefen Schwarz, das sie umgab. Obwohl Fotos laut Flugplan nicht vorgesehen waren, hielt William Anders diesen Moment auf einem Farbfilm fest. Es war ein Foto, das Geschichte schrieb. An diesem Tag lasen die drei Astronauten abwechselnd für eine Milliarde Zuhörer die ersten Verse der

Schöpfungsgeschichte.[47] James Lovell sagte über seine Erfahrungen im Weltraum: „Die Menschen auf der Erde begreifen nicht, was sie besitzen. Vielleicht, weil nicht viele von ihnen die Gelegenheit haben, sie zu verlassen und dann zurückzukehren." Die Astronauten äußerten ihr Erstaunen über die Tatsache, dass es auf diesem blauen Planeten inmitten dieser Dunkelheit so ein vielfältiges Leben gibt.

Wissenschaftler[48] haben untersucht, welche Vorrausetzungen nötig sind, damit auf der Erde Leben möglich ist. Wäre eine von den folgenden zehn Bedingungen nicht erfüllt, sähe es bei uns so trostlos aus wie auf dem Mond.

1. Die Position des Sonnensystems in unserer Galaxie ist im richtigen Bereich. Wir befinden uns nicht zu nahe am Zentrum, aber auch nicht zu weit am Rand, wo Leben nicht möglich wäre.

2. Für die lebenserhaltenden Temperaturen sind die richtige Größe der Sonne und ein bestimmter Abstand zur Erde wichtig.

3. Wir brauchen eine bestimmte Umlaufgeschwindigkeit um die Sonne, damit die Erde den Abstand zu ihr nicht ändert.

---

[47] 1.Mose 1,1-10
[48] oekosystem-erde.de;

4. Die Drehgeschwindigkeit der Erde muss genau passen, damit Kälte und Wärme sich gleichmäßig verteilen, denn würde sich die Erde schneller oder langsamer drehen, gäbe es kein Leben auf unserem Planeten.

5. Die Schrägstellung der Erde zur Sonne muss einen bestimmten Winkel haben, damit die Sonnenwärme ideal verteilt werden kann. Man hat berechnet, welche Neigung am effektivsten ist und erkannt, dass es zwischen 23 und 24 Grad sein sollte. Die Erde hat tatsächlich eine Schräge von 23,5 Grad.

6. Das Magnetfeld der Erde lenkt die Sonnenpartikeln um die Erde herum, die ansonsten alles Leben auf der Erde zerstören würden.

7. Der Mond ist ein Stabilisator, denn ohne ihn würde die Erde bei ihren Drehungen schwanken. Dadurch käme es zu drastischen Klimaveränderungen. Das Eis der Pole würde komplett schmelzen und die Tropen würden in Eis und Schnee versinken.

8. Jupiter dient der Erde als Schutz vor Kometen. Ohne ihn hätten wir 10.000-mal mehr Einschläge.

9. Die Größe und die Masse der Erde ist wesentlich, um die lebensnotwendige Atmosphäre durch die Gravitation zu halten.

10. Die Atmosphäre filtert das Sonnenlicht und hält es zurück, damit wir die idealen Temperaturen auf der Erde haben.

Das waren jetzt exemplarisch nur zehn Beispiele. Wir werden durch die Wunder der Natur zur Frage geführt, ob wir an einen Schöpfer und Planer glauben wollen oder nicht. Diese Hinweise zwingen uns nicht, an Gott zu glauben. Deshalb sagt uns die Bibel: „Durch das Vertrauen erkennen wir, dass die Welt durch Gottes Wort geschaffen ist, dass alles, was man sieht, aus nichts geworden ist."[49] Dieses Vertrauen lässt sich zwar begründen, aber beruht immer auf Freiwilligkeit. Wenn wir die Hinweise annehmen und Vertrauen wagen, dann vertieft sich die Erkenntnis, dass Gott diese Welt geschaffen hat. Wissenschaftler haben sich zu diesem Schöpfer bekannt wie zum Beispiel Allen Sandage und Wernher von Braun. Aufgrund der Fakten und Wunder der Natur glaubten sie an Gott.

Allan Sandage, ein bekannter Astronom, schreibt:
„Ich finde es ziemlich unwahrscheinlich, dass eine solche Ordnung aus einem Chaos entstanden sein soll. Es muss irgendein ordnendes Prinzip geben. Gott ist ein Mysterium für mich, aber er ist die Erklärung für das Wunder der Existenz, warum es etwas gibt, anstelle von nichts."[50]

---

[49] Hebräer 11,3 (NLB)
[50] Dr. Allan Sandage zitiert von John Noble Wilford, Sizing Up the Cosmos: An Astronomer's Quest., New York Times, 12.03.1991

Wernher von Braun, Physiker, Raumfahrttechniker, meint: „Das Grandiose des Kosmos bestätigt mir nur den Glauben an einen Schöpfer. Ich kann mir nicht vorstellen, dass dieses ganze Universum ohne göttlichen Willen entstanden ist."[51]

Ein Bibeltext drückt die Empfindungen dieser Forscher ähnlich aus:

„Der Himmel verkündet die Herrlichkeit Gottes
und das Firmament bezeugt seine wunderbaren Werke.
Ein Tag erzählt es dem anderen,
und eine Nacht teilt es der anderen mit.
Ohne Sprache und ohne Worte, lautlos ist ihre Stimme,
doch ihre Botschaft breitet sich aus über die ganze Erde
und ihre Worte über die ganze Welt."[52]

---

[51] evangeliums.net/zitate/wernher_freiherr_von_braun.htm
[52] Psalm 19,1-5 (NLB)

AM ANFANG

Viele tausende Jahre war man der Auffassung, der Kosmos sei schon immer da gewesen. Der griechische Philosoph Aristoteles hielt, wie viele seiner Mitdenker im alten Europa, das Weltall für ewig und gleichbleibend. Sein Weltbild war viele Jahrhunderte lang maßgebend.[53] Selbst Albert Einstein zu Beginn des 20. Jahrhunderts war dieser Ansicht. Für ihn war es unvorstellbar, dass das Universum einen Anfang gehabt haben soll. Sterne und Galaxien könnten sich ändern, aber das Weltall war für Einstein beständig und gleichbleibend.

Der belgische Priester und Astrophysiker Georges Lemaître sollte die Vorstellungen über das Universum revolutionieren. Aufgrund der Messdaten, die auf einen sich ausbreitenden Weltraum hinwiesen, kam er zum Schluss, dass in umgekehrter Richtung alles von einem Punkt ausgegangen sein muss. Albert Einstein musste nach einem Besuch bei Edwin Hubble, einen bekannten Astronomen, den Forschungsergebnissen von Lemaître zustimmen und bezeichnete es als die „schönste und befriedigendste Erklärung der Schöpfung". Andere Astronomen, darunter Fred Hoyle etwa, der in einer Radiosendung die Ansichten von Lemaître spöttisch mit

---

[53] wissenschaft.de/astronomie-physik/ewige-evolution/

einem „Big Bang" zusammenfasste, blieben sehr skeptisch. Sie wollten sich nicht vorstellen, dass das gesamte Universum durch einen Moment der Ausdehnung entstanden sei.[54] Doch der „Big Bang" als griffige Beschreibung setzte sich durch und wird heute als gesichertes Wissen betrachtet. Der Physiker Michael Anselm sagt in einem Interview: „Wir wissen heute, dass das Universum früher viel kleiner war. Aufgrund der Ausbreitungsgeschwindigkeit können wir zurückrechnen, dass vor 13,8 Milliarden Jahren alle Substanz, die sich im Universum befindet, konzentriert war auf einen winzig kleinen Fleck von einem Durchmesser kleiner als von einem billionstel Teil eines billionstel Zentimeter der milliardste Teil."[55]

Durch einen unendlichen heißen und kleinen Punkt, kleiner als ein Atom, soll das gesamte Universum mit seinen 30.000 Milliarden Galaxien entstanden sein. Die Ausdehnung des gesamten Raumes geschah im Bruchteil einer Sekunde also viel schneller als das Licht. Das hat beim Urknall dazu geführt, dass Bereiche im Universum sich innerhalb von Sekunden Tausende und Milliarden Lichtjahre voneinander entfernt haben. Professor Martin Ammon aus Jena sagt dazu: "Das war wirklich

---

[54] zdf.de/dokumentation/terra-x/faszination-universum-der-urknall-das-raetsel-des-anfangs-100.html
[55] Glaube und Wissen im Zeitalter der Quantenphysik I Sternstunde Religion I SRF Kultur, 22.11.2015

ein Bruchteil einer Sekunde nach dem Urknall. In diesem Rahmen hat sich das Universum von sagen wir 10 bis 30 Zentimeter auf die heutige Größe oder noch größer aufgebläht."[56]

Bei der Entstehung des Universums spricht man von einer besonders exakt notwendigen Ausbreitungsgeschwindigkeit. Hätte sich der Kosmos nach dem Urknall zu schnell oder zu langsam ausgebreitet, käme es entweder zu keiner Bildung von Planeten oder alles fiele in sich zusammen. Folgendes Bild soll hier das Wunder illustrieren. Würden wir alle Sandkörner der Welt als Einheiten für die genaue Geschwindigkeit betrachten und würden wir ein Sandkorn wegnehmen, dann wäre das Universum nicht entstanden. Diese genaue Ausbreitungsgeschwindigkeit ist den Forschern ein Rätsel, und es stellt sich die Frage, ob dies Zufall sei.

Es gibt drei Erkenntnisse, die das Wunder des Universums verdeutlichen: Erstens, dass das ganze Universum aus einem winzigen Punkt[57], kleiner als ein Atom entstanden sein soll. Zweitens, dass diese Ausdehnung im Bruchteil einer Sekunde stattgefunden hat. Und drittens, dass eine exakte Feineinstellung der Ausbreitungsgeschwindigkeit nötig war.

---

[56] mdr.de/wissen/schneller-als-licht-100.html
[57] Wissenschaftlicher Begriff: Singularität

Forscher bekennen sich immer wieder zu diesem Wunder des Universums. Gerhard Börner, Professor für Kosmologie, sagt: "Wollen wir die Entstehung des Kosmos, von Raum und Zeit, als Schöpfungsakt eines göttlichen Wesens interpretieren, so hindern uns die naturwissenschaftlichen Ergebnisse nicht daran. … Wie der amerikanische Physiker Freeman Dyson bin ich der Meinung, dass ein Zweck dahintersteckt."[58]

Carlo Rubbia, der frühere Leiter des europäischen Kernforschungszentrums Cern bei Genf und Nobelpreisträger, meint: „Als Forscher bin ich tief beeindruckt durch die Ordnung und Schönheit, die ich im Kosmos finde, sowie im Innern der materiellen Dinge. Und als Beobachter der Natur kann ich den Gedanken nicht zurückweisen, dass hier eine höhere Ordnung der Dinge existiert. Es ist eine Intelligenz auf höherer Ebene vorgegeben, jenseits der Existenz des Universums selbst."[59]

Wie schon erwähnt, weisen Forschungen im letzten Jahrhundert auf einen Beginn von Raum und Zeit hin. Seit 3500 Jahren gibt es bekannte Texte, die diesen Anfang schon längst erwähnen.

---

[58] Gerhard Börner, Professor für Kosmologie am Max-Planck-Institut für Astrophysik in Garching (National Geographic, 12/2003, S. 113)
[59] Focus.de, Wer erschuf das Universum und warum?, Michael Odenwald, 7.4.2016

Der erste Satz der Bibel lautet: „Am Anfang schuf Gott Himmel und Erde."[60] Demnach steht Gott über der Schöpfung und kann Energie und Materie erschaffen: „Wenn er spricht, so geschieht's; wenn er gebietet, so steht's da."[61] Bei der Schöpfung der Welt, lesen wir: „Gott sprach es werde Licht und es wurde Licht!"[62]

Im Neuen Testament steht: Durch den Glauben erkennen wir, dass die Welt durch Gottes Wort geschaffen ist, dass alles, was man sieht, aus nichts geworden ist."[63]

---

[60] 1.Mose 1,1 (LUT)
[61] Psalm 33,9 (LUT)
[62] 1.Mose 1,3 (LUT)
[63] Hebräer 11,3 (LUT)

DAS WESEN GOTTES

Wie Kunstwerke auf den Künstler, seinen Charakter und seine Anliegen hinweisen, können wir auch durch den Blick auf die Natur und den Menschen über das mögliche Wesen des Schöpfers nachdenken.

1. Der Urheber des Lebens kann selbst keinen Ursprung haben. Der Schöpfer war schon immer da und ist die Ursache von allem was existiert.

2. Dieser Gott muss eine lebensspendende, nie endende Energie in sich tragen.

3. Gott muss ein Wesen mit sehr hoher Intelligenz sein.

4. Die Eigenschaften, die wir Menschen in uns tragen, wie Beziehungs- und Liebesfähigkeit, Gerechtigkeitssinn und Kreativität, müssen Teil seines Wesens sein, sonst könnte er uns nicht mit diesen Fähigkeiten ausstatten.

5. Die Entscheidungsfreiheit macht das Besonderes des Menschen aus. Deshalb scheint für Gott die persönliche Freiheit ein wichtiger Wert zu sein.

6. Aufgrund der Fähigkeiten des Menschen kann man ableiten, dass Gott ein persönliches Wesen ist und keine Energie oder Kraft.

7. Da der Mensch Gut und Böse unterscheiden kann, muss der Schöpfer ein gerechtes und gutes Wesen sein.

8. Wenn Gott Liebe, Freiheit, Gerechtigkeit als wichtig empfindet, dann muss er einen Plan mit der Welt und uns haben.

9. Wenn Gott beziehungsfähig, gut und gerecht ist, dann muss er bestrebt sein, dass seine Werte beachtet und letztlich gelebt werden.

10. Ein liebender und beziehungsfähiger, persönlicher Gott ist daran interessiert, dass wir mit ihm kommunizieren und ihn kennenlernen.

Um eine Bestätigung dieser Schlussfolgerungen zu erhalten, müsste sich Gott selbst offenbaren. Er müsste sich zeigen und sich erklären. Doch spricht Gott heute noch zu uns? Darum soll es in den nächsten Kapiteln gehen. Ich möchte Sie gerne morgen zu Kaffee und Kuchen auf unserer Terrasse einladen.

WARUM GIBT ES UNS?

Herzlich willkommen! Greifen Sie zu! Hier bitte, Kaffee und Kuchen!

Haben Sie eine Tante, die gerne Kuchen bäckt? Stellen Sie sich vor, Ihre Tante würde Ihnen einen Kuchen zum Geburtstag bringen. Ein Stück davon würde in ein Labor geschickt, ohne dass die Forscher erfahren, von wem der Kuchen stammt und warum er gebacken wurde. Chemiker und Physiker könnten den Kuchen auf seine Bestandteile hin untersuchen. Mathematiker könnten faszinierende Gleichungen erstellen, die das Verhalten der Elementarteilchen des Kuchens erklären. Die Wissenschaftler wüssten, woraus der Kuchen besteht, aber sie könnten nicht feststellen, warum er gebacken wurde.[64] „Der Nobelpreisträger Peter Medawar weist darauf hin, dass die Wissenschaft ihre Grenzen hat. Sie sei nicht in der Lage, grundlegende Fragen, die schon Kinder stellen können, zu beantworten. Ich denke an Fragen wie: Wie hat alles angefangen? Wozu sind wir hier? Was ist der Sinn des Lebens?"[65]

---

[64] Wozu Glaube, wenn es Wissenschaft gibt?, John Lennox, Stiftung Christliche Medien, Holzgerlingen, 2020, S.34
[65] Ebenda

Um das zu erfahren, wäre eine Information nötig, die uns zum eigentlichen Ursprung des Lebens führt. Warum gibt es Leben? Was ist die erste Ursache und der Grund für das Leben? Diese Fragen lassen sich wissenschaftlich im Labor nicht beweisen, denn der Beginn liegt hinter uns und kann nicht experimentell wiederholt werden. Wir können darüber spekulieren und die Vergangenheit nur interpretieren. Wir können glauben, dass alles zufällig aus dem Nichts entstanden ist oder wir können glauben, dass Gott der Ursprung von allem ist. Von den Forschern, die in der Zeit von 1900 bis 2000 zu Nobelpreisträgern wurden, meinen 60 Prozent, dass es einen Gott gibt.[66] Für sie muss jemand „den Kuchen gebacken haben". Warum es „den Kuchen" gibt, lässt sich nicht direkt durch die Wissenschaft beweisen. Aber dass „der Kuchen" von jemand gemacht wurde, ist für die meisten Forscher offensichtlich.

Der britische Physiker und Atheist Stephen Hawking bringt seine Forschung auf folgenden Nenner: „Wenn ich wüsste, warum das Universum entstand, würde ich alles wirklich Wichtige wissen."[67] Kommen wir nochmal auf unsere Illustration zurück.

---

[66] Ebenda, S.21
[67] Focus.de, Wer erschuf das Universum und warum?, Michael Odenwald, 7.4.2016

Warum gibt es den Kuchen? Weil die Tante damit eine Freude bereiten wollte. Wenn wir glauben, dass Gott das Universum und die Welt geplant hat, dann müssten wir ihn fragen: „Warum hast du das getan? Warum wolltest du eigenständig denkende Personen in deinem Universum haben?"

Nach der Bibel ist Gottes Denken und Handeln von Liebe bestimmt: „Gott ist Liebe!"[68] Alles, was Gott tut oder nicht tut, ist demnach von seiner Zuneigung zu seinen Geschöpfen geprägt. Könnte es also sein, dass die Motivation für die Schöpfung Liebe war? Deshalb schuf er Menschen, die einen freien Willen haben, liebesfähig sind, und durch Kommunikation eine Verbindung zu ihren Mitmenschen und Gott aufbauen können! So wie die Tante will auch der Schöpfer die Freude seiner Geschöpfe erleben. Wir leben, weil er es so wollte, daher haben wir in seinen Augen einen besonderen Wert.

Der Theologe Paulus stand im 1.Jh. n. Chr. in Athen vor den Philosophen seiner Zeit und erzählte ihnen vom Schöpfergott. „Es ist der Gott, der die Welt und alles, was in ihr ist, geschaffen hat. Dieser Herr des Himmels und der Erde wohnt nicht in Tempeln, die Menschen gebaut haben. Er braucht auch nicht die Hilfe und Unter-

---

[68] 1.Johannes 4,16

stützung irgendeines Menschen; schließlich ist er es, der allen das Leben gibt und was zum Leben notwendig ist. Aus dem einen Menschen, den er geschaffen hat, ließ er die ganze Menschheit hervorgehen, damit sie die Erde bevölkert. Er hat auch bestimmt, wie lange jedes Volk bestehen und in welchen Grenzen es leben soll. Das alles hat er getan, weil er wollte, dass die Menschen ihn suchen. Sie sollen mit ihm in Berührung kommen und ihn finden können. Und wirklich, er ist jedem von uns ja so nahe! Durch ihn allein leben und handeln wir, ja, ihm verdanken wir alles, was wir sind. So wie es einige eurer Dichter gesagt haben: ›Wir sind seine Kinder.‹"[69]

In diesem Zitat wird deutlich, wie eng Gott mit dem Menschen verbunden ist und an ihrem Leben Anteil nimmt. Er möchte, so Paulus, dass wir ihn suchen und kennenlernen.

---

[69] Apostelgeschichte 17,24-28 (HFA)

JEDER GLAUBT AN ETWAS

Professor Russel Gray, Direktor der Abteilung Sprach- und Kulturrevolution am Max-Planck-Institut für Menschheitsgeschichte, sagt: „Praktisch jede Gesellschaft, die wir untersucht haben, besitzt in irgendeiner Form religiösen Glauben und religiöse Praktiken. Es gibt eine große Debatte unter Wissenschaftlern, warum das so ist, weshalb es dieses universelle Merkmal der Menschheit gibt."[70]

Das Zitat enthält zwei wichtige Stellungnahmen. Erstens glaubt jede Gesellschaft an etwas. Und zweitens wird hier eine wesentliche Frage aufgeworfen: Warum ist Religiosität ein universelles Merkmal der Menschheit? In der Bibel wird die Anbetung von Göttern als eine Abwendung vom Schöpfer beschrieben: „Statt den herrlichen, ewigen Gott anzubeten, beteten sie Götzenbilder an, die vergängliche Menschen darstellten oder Vögel, Tiere und Schlangen."[71]

Die Menschen wandten sich von Gott ab, aber nicht von der Religiosität. Sie erdachten sich Götter, die sie trösten und ermutigen sollten.

---

[70] Deutschlandfunk.de, 05.05.2016
[71] Römer 1,23 (NLB)

Auch in säkularen Gesellschaften, wo Glaube kaum mehr eine Rolle spielt, kommt es zu religiösen Riten und Ersatzhandlungen. Ein Beispiel soll genügen, das sehr weit verbreitet und in vielen Medien präsent ist. Selbst der öffentlich-rechtliche Rundfunk greift dieses Bedürfnis auf und präsentiert Lebensberatung durch Astrologie. Das ist die Ansicht, dass die Sterne einen Einfluss auf unser Leben ausüben und zukünftige Ereignisse beeinflussen.

Wie man allgemein weiß, ist der Glaube an die Astrologie nicht gut begründbar. Viele Argumente[72] sprechen dagegen, dass bestimmte Sternkonstellationen am Himmel zur Zeit meiner Geburt mein ganzes Leben beeinflussen. Erstens kommt die Astrologie noch aus der Zeit, wo man dachte, die Sterne am Himmel seien Götter, die unser Leben lenken. Darüber hinaus entsprechen die Sternbilder, die Astrologen heute verwenden, nicht den aktuellen astronomischen Bewegungen am Himmel. Weiters stellt sich die Frage, warum bestimmte Sternformationen gewählt werden und nicht andere. Viertens haben Studien gezeigt, dass die Aussagen von Astrologen sich auf dem Niveau von zufälligen Äußerungen

---

[72] Valentin Frimmer, Warum Astrologie Unsinn ist – und man trotzdem dran glaubt, Welt.de, 21.11.2016; BR-Wisssen: www.br.de/ wissen/astrologie-horoskop-wissenschaft-sternzeichen

befinden. Würde ich demnach spontan über die Zukunft eines Freundes spekulieren und ihm vorhersagen, was ihm alles passieren wird, hätte ich die gleiche Trefferquote wie die Astrologen. Und zuletzt sei erwähnt, dass die Aussagen meist sehr allgemein gehalten sind. Wenn wir daran glauben, richtet sich unser Denken auf diese vagen Aussagen aus und filtert das heraus, was zu unserer Lebenssituation passt.

Warum schauen sich ca. 30–40 % der Bevölkerung ihr Horoskop wöchentlich an? Unsere Existenz ist von vielen Herausforderungen geprägt, die sich nicht vorausberechnen lassen. Die großen Belange sind Beziehungen und Liebe, Finanzen und Besitz, Beruf und Selbstverwirklichung, Gesundheit und Wohlbefinden. Astrologen sprechen meist solche Themen an, weil sie wissen, dass hier Unsicherheiten vorhanden sind. Und so ist es verständlich, dass viele sich dieser Quelle zuwenden, die sie ermutigt. Sterndeuter können nichts über die Zukunft vorhersagen, doch der Mensch will sich geborgen wissen, er braucht Zuspruch und findet in den Zusagen eine gewisse Entlastung.

Auf einer Spruchkarte las ich: „Die Sterne lügen nicht. Sie sagen, Gott ist groß und allmächtig. Sie sagen, dass unsere Zukunft in Gottes Händen liegt. Die Sterne lügen nicht. Die Astrologen haben da weniger Skrupel"[73] Der biblische Prophet Jeremia schrieb vor 2600 Jahren: „Denn mein Volk tut eine zweifache Sünde: Mich, die lebendige Quelle, verlassen sie und machen sich Zisternen, die doch rissig sind und das Wasser nicht halten."[74] Nach dieser Aussage ist Gott die gute Quelle für meine Bedürfnisse und die rissigen Zisternen sind unsere „Götter", die unser Leben bestimmen. Die modernen Götter können Fernsehen, Sport, Geld und Erfolg oder sonst irgendwie heißen. An sich nicht schlechte Dinge werden durch die Fixierung darauf zu Götzen. Wir hoffen dadurch Glück und Zufriedenheit zu finden. Oftmals finden wir Gott nicht, weil wir mit unseren Göttern beschäftigt sind.

Leider ist bei vielen Menschen eine Lebenskrise nötig, damit sie zum Nachdenken kommen und offen werden für den einen Gott, der sie geschaffen hat und am Leben erhält. Gott ist der richtige Ansprechpartner, denn er kennt unsere Zukunft. Folgender Bibeltext lädt uns ein, unser Leben Gott anzuvertrauen. „Überlass dem Herrn die Führung deines Lebens und vertraue auf ihn, er wird es richtig machen."[75] Gott ist gut und alles, was er mit

---

[73] Unbekannter Autor
[74] Jeremia 2,13 (LUT)
[75] Psalm 37,5 (NLB)

uns vorhat, ist ebenfalls gut. Wir dürfen ihm vertrauen, auch wenn wir nicht alles verstehen. Er will unser täglicher Halt sein. Deshalb ist ein Gespräch mit Gott die sinnvollste Lösung, um mit den Unsicherheiten des Lebens fertig zu werden: „Gott, du Schöpfer von Himmel und Erde. Ich will mich dir anvertrauen. Danke, dass du mich und meine Anliegen kennst. Ich bitte dich für… und ich danke dir für… Amen!"[76]

---

[76] Amen wurde aus der hebräischen Sprache übernommen und ist Ausdruck des Vertrauens. Es bedeutet: „So sei es!" Jeremia 11,5

DER DURST DER SEELE

Wie schon erwähnt sind die großen Lebensthemen Beziehungen und Liebe, Finanzen und Besitz, Beruf und Selbstverwirklichung, Gesundheit und Wohlbefinden. All diese Bereiche können wir mit tiefer liegenden Bedürfnissen zusammenfassen. Letztlich ist es Sicherheit und der Wunsch zu lieben und geliebt zu werden. Die Krisen unseres Lebens mit Leid, Schuld und Tod zeigen auf, dass es diese vollkommene Geborgenheit auf dieser Erde nicht gibt. Doch der Mensch sehnt sich trotzdem danach. Ich möchte das als Durst der Seele bezeichnen. Gibt es eine positive Antwort auf die Frage nach Sicherheit und Geborgenheit?

Ist diese Welt ohne dem Wirken Gottes zufällig und ziellos entstanden, wird sie auch ohne Sinn und Ziel verschwinden. Dann ist unser Leben auf dieser Erde nur ein Aufblitzen nach unglaublich vielen Zufällen, um schließlich von ewiger Finsternis verschluckt zu werden. Wir können uns dann zwar sinnvolle Aufgaben in der Welt suchen, aber letztendlich ist mit dem Sterben alles aus. Es gibt somit keine Hoffnung über den Tod hinaus. Wir haben genügend vernünftige Gründe kennengelernt, dass die Wunder des Lebens eine andere Botschaft vermitteln. In der Natur ist alles zielorientiert, alles dient dem Erhalt des Lebens.

Sollte dann unser Leben an sich sinn- und ziellos sein? Wenden wir uns doch an den, der die Welt geschaffen hat. Er weiß, welchen Sinn dieses Leben hat, warum die Welt existiert und weshalb es das Böse und den Tod gibt. Der Durst der Seele nach Geborgenheit kann nur von Gott selbst gestillt werden. Einer der faszinierendsten Texte der Bibel ist folgende Aussage: „Wer durstig ist, soll kommen, und wer von dem Wasser des Lebens trinken will, wird es geschenkt bekommen."[77] Vor großen Menschenmassen, aber auch in Einzelgesprächen hat Jesus immer wieder darauf hingewiesen, dass er die Antwort auf die Grundfragen des Lebens ist. So sagt er zu einer Frau, die gerade Wasser aus einem Brunnen schöpft: „Jeder, der von diesem Wasser trinkt, wird wieder Durst bekommen. Wer aber von dem Wasser trinkt, das ich ihm geben werde, wird niemals mehr durstig sein. Das Wasser, das ich ihm gebe, wird in ihm zu einer Quelle werden, die unaufhörlich fließt, bis ins ewige Leben."[78] Jesus ist es also möglich, unseren seelischen Durst zu stillen. Warum kann er das? In den nächsten Abschnitten werden wir uns mit Jesus Christus beschäftigen, denn sein Leben ist ein Wunder der Geschichte. Es gibt eine positive Antwort auf das Bedürfnis nach beständiger Sicherheit und Geborgenheit.

---

[77] Offenbarung 22,17 (GNB)
[78] Johannes 4,13.14 (NLB)

AUS DER EWIGKEIT

Es gibt keine Person der Weltgeschichte, die wie Jesus Christus, aufgetreten ist. Er sagte: „Ich bin das Brot des Lebens. Wer zu mir kommt, wird nie wieder hungern. Wer an mich glaubt, wird nie wieder Durst haben… ich bin vom Himmel herabgekommen."[79] Jesus ist nach diesen Worten kein Prophet oder weiser Lehrer gewesen, sondern eine Person, die von einer anderen Dimension zu uns kam. Wenn das stimmt, kann er die großen Lebensfragen beantworten.

Wie können wir überprüfen, dass die Aussage, er käme vom Himmel, wahr ist? Historiker sehen Jesus als Person, die zwischen 7-4 v. Chr. geboren und 30 oder 31 n. Chr. gekreuzigt wurde.[80] Antike Autoren außerhalb der Bibel erwähnen Jesus als historische Person.[81] Er war für seine vielen Heilungswunder in Palästina bekannt und hat ca. ab seinem 30. Lebensjahr dreieinhalb Jahre in der Öffentlichkeit gewirkt. Dass Jesus gelebt hat, Wanderprediger war und Kranke von ihren Leiden befreite,

---

[79] Johannes 6,35-38 (NLB)
[80] wikipedia, Jesus von Nazareth
[81] Sueton, Tacitus, Plinius, Thallus, Mara ba Serapion, Josephus Flavius; siehe: F.F. Bruce, Außerbiblische Zeugnisse über Jesus und das frühe Christentum, Brunnen Verlag, Giessen, 1992

wird heute von Historikern akzeptiert. Die ersten Christen haben sehr ausführlich über das Leben Jesu berichtet. Wir nennen diese vier Biografien, die Evangelien, nach den Autoren Matthäus, Markus, Lukas und Johannes. Dass hier verschiedene Personen geschrieben haben, hat mehr Glaubwürdigkeit, als wenn es nur einen Bericht gäbe. Matthäus und Johannes waren Mitglieder der 12 Apostel, die Jesus in seinen engeren Nachfolgerkreis berufen hatte. Markus und Lukas gehörten zu den ersten Anhängern des Christentums. Alle vier berichten Ähnliches. Jesus sprach sehr bildhaft und beeindruckend, er heilte unzählig viele Menschen, wandte sich den Ausgestoßenen der Gesellschaft zu und deckte religiöse Heuchelei auf. Er behauptete, der Sohn Gottes zu sein und kam damit in Konflikt mit den religiösen Führern in Israel. Sie fürchteten um ihre Machtposition und waren neidisch auf den beliebten Wanderprediger. Jesus wurde in einer Nacht- und Nebelaktion festgenommen, den römischen Behörden vorgeführt, auf Druck der Priester und Theologen von Pontius Pilatus verurteilt und schließlich gekreuzigt. Die Anhänger von Jesus meinten, er strebe die politische Führung in Israel an, doch als er gekreuzigt wurde, brachen alle ihre Hoffnungen zusammen.

Sie versteckten sich und dann geschah etwas Unglaubliches. Es wird in allen vier Biografien berichtet, dass Jesus auferstanden und den Jüngern erschienen ist. Die ersten Christen waren Augenzeugen des auferstandenen Christus. Viele Juden, die sich dazu öffentlich bekannten, mussten aus Jerusalem fliehen. Der Theologe und Pharisäer Saulus von Tarsus verfolgte jene, die über die Auferstehung von Jesus sprachen. Als er auf dem Weg von Jerusalem nach Damaskus war, um Christen gefangen zu nehmen, erschien ihm Jesus und fragte ihn: „Saul, Saul, warum verfolgst du mich?" Er wurde daraufhin Christ und bekam einen neuen Namen: Paulus.[82] Er nahm es auf sich, dass er seine Karriere als Theologe in Jerusalem beenden musste und sein ganzes Leben auf der Flucht war, bis er wahrscheinlich 59 n. Chr. nach Rom gebracht wurde. Dort wurde er nach einigen Jahren Aufenthalt geköpft.[83]

Paulus schrieb an die Christen in Korinth folgende Worte: „Er wurde begraben und ist am dritten Tag von den Toten auferstanden, wie es in der Schrift steht. Er wurde von Petrus gesehen und dann von den zwölf Aposteln. Danach sahen ihn mehr als fünfhundert seiner Anhänger auf einmal, von denen die meisten noch leben;

---

[82] Apostelgeschichte 9,1-31 (GNB)
[83] 1.Clemensbrief 5,5-7; Paulusakte 11,3

nur einige sind inzwischen gestorben. Dann wurde er von Jakobus gesehen und später von allen Aposteln. Als Letzter von allen habe auch ich ihn gesehen."[84]

Paulus bekannte sich trotz Verfolgung und Todesgefahr zur Auferstehung von Jesus. Was er auf sich genommen hat, macht nur Sinn, wenn seine Begegnung mit dem auferstandenen Jesus wirklich geschehen ist. Auch die anderen Autoren des Neuen Testaments bestätigen die historische Realität der Auferstehung und es wird deutlich, dass sie Augenzeugen waren.

Haben die Schreiber des Neuen Testaments gelogen? Wenn man lügt, will man einen Vorteil, aber das, was die ersten Christen bekannt haben, brachte ihnen viele Nachteile. Trotzdem standen sie zu dem, was sie selbst erlebt hatten. Als man den ersten Christen verboten hatte über Jesus zu reden, antworteten sie: „Wir können nicht verschweigen, was wir gesehen und gehört haben."[85] Die meisten Apostel wurden wegen ihrer Berichte über die Auferstehung Jesu getötet.[86]

---

[84] 1.Korinther 15,4-8 (NLB)
[85] Apostelgeschichte 4,20 (GNB)
[86] einefestegrundlage.blogspot.com/2012/01/arbeit-und-martyrium-der-apostel.html

Sie war das entscheidende Ereignis, ohne das es kein Christentum gäbe. Natürlich können wir das heute nicht beweisen, da wir nicht dabei waren, aber wir können sehr wohl erkennen, ob Schilderungen erfundene oder wahre Geschichten sind. Eine Lösung besteht darin, sich die Berichte der Evangelien genau durchzulesen. Lukas schreibt zum Beispiel: „Verehrter Theophilus, viele haben schon über die Ereignisse geschrieben, die bei uns geschehen sind. Dabei haben sie die Berichte der ersten Jünger zugrunde gelegt, die mit eigenen Augen gesehen haben, wie Gott seine Verheißungen erfüllt hat. Ich habe alle diese Berichte von Anfang an sorgfältig studiert und beschlossen, alles in geordneter Folge für dich aufzuzeichnen. Auf diese Weise kannst du dich von der Zuverlässigkeit der Lehre überzeugen, in der du unterrichtet wurdest."[87] Beim Lesen dieses Textes bekommt man den Eindruck, dass Lukas wie ein Historiker einen genauen Bericht zusammenstellen wollte.

Noch zwei Beispiele von Autoren des Neuen Testaments. Johannes schreibt in seinem Evangelium: „Dies ist der Jünger, der diese Ereignisse miterlebt hat und sie hier aufzeichnete. Und wir alle wissen, dass sein Bericht über diese Dinge wahr ist. Es gibt noch vieles andere, was Jesus getan hat. Wenn man dies alles aufschreiben

---

[87] Lukas 1,1-4 (NLB)

würde, glaube ich, könnte die ganze Welt die Bücher nicht fassen, die man dann schreiben müsste."[88]

Auch Petrus schreibt dazu mit eindringlichen Worten: „Denn wir haben uns nicht etwa irgendwelche klugen Geschichten ausgedacht, als wir euch von der Macht unseres Herrn Jesus Christus und von seiner Wiederkehr erzählten. Nein, wir haben seine Majestät mit eigenen Augen gesehen. Er empfing von Gott, dem Vater, Ehre und Herrlichkeit, als Gottes herrliche, hoheitsvolle Stimme rief: ‚Dies ist mein geliebter Sohn, an dem ich meine Freude habe.' Wir haben die Stimme selbst vom Himmel herab gehört, als wir mit ihm auf dem heiligen Berg waren."[89]

Petrus berichtet von vielen übernatürlichen Erfahrungen, die die Jünger mit Jesus gemacht haben. Es hat keinen Vorteil von massenhaften Heilungswundern, sogar von Totenauferweckung und von Brotvermehrung oder der Beherrschung von Stürmen zu berichten, wenn diese Wunder nicht wirklich geschehen wären. Es gibt auch keine Vorwürfe von den Zeitgenossen der ersten Christen, dass hier etwas erfunden wurde.

---

[88] Johannes 21,24.25 (NLB)
[89] 2.Petrus 1,16-18 (NLB)

Der Apostel Johannes berichtet: „Die Jünger sahen, wie Jesus noch viele andere Wunder tat, die nicht in diesem Buch aufgezeichnet sind. Diese aber wurden aufgeschrieben, damit ihr glaubt, dass Jesus der Christus ist, der Sohn Gottes, und damit ihr durch den Glauben an ihn in seinem Namen das ewige Leben habt."[90]

Den Autoren des Neuen Testaments ging es darum, das Erlebte und ihre Erkenntnisse mit anderen zu teilen, damit auch die nachfolgenden Generationen an Jesus glauben können.

---

[90] Johannes 20,30.31 (NLB)

EIN LEBEN VORHERGESAGT

Laut den Berichten des Neuen Testaments erschien Jesus nach seinem Tod und seiner Auferstehung seinen Jüngern. Er sagte ihnen, dass sich alles erfüllen sollte, was über ihn im Alten Testament vorhergesagt worden war: „Als ich bei euch war, habe ich euch erklärt, dass alles, was bei Mose, bei den Propheten und in den Psalmen über mich geschrieben steht, in Erfüllung gehen muss."[91]

Was waren das für Vorhersagen und wo stehen sie? Im Judentum wartete man aufgrund dieser Texte im Alten Testament auf einen besonderen König, der Israel Frieden und Freiheit bringen sollte. Er wurde in der hebräischen Sprache „Messias", das heißt „Gesalbter", genannt.[92] Es ist belegt, dass diese Texte, einige Jahrhunderte vor Jesus Christus niedergeschrieben wurden.[93]

Der Prophet Micha, der rund 750 bis 700 v. Chr. gelebt hat, sagt voraus, dass der Messias in Bethlehem geboren werden sollte: „Und du, Bethlehem Efrata, die du klein bist unter den Tausenden in Juda, aus dir soll mir der

---

[91] Lukas 24,44 (NLB)
[92] Im Neuen Testament wird Messias mit „Christus" übersetzt. Jesus heißt „Gott rettet". Jesus Christus meint: Jesus – der Messias.
[93] Siehe nächstes Kapitel: Qumran und Jesus

kommen, der in Israel Herr sei, dessen Ausgang von Anfang und von Ewigkeit her gewesen ist."[94]

In Bethlehem sollte jemand geboren werden, der von
Anfang und von Ewigkeit her existiert hat. Das würde
nur auf Gott zutreffen, wird aber hier auf einen Menschen angewandt, der in Israel eine Führungsrolle einnehmen soll. Die Eltern von Jesus stammen aus Nazareth. Weil es aber aufgrund eines Erlasses von Kaiser
Augustus für Joseph und Maria notwendig war nach
Bethlehem zu gehen, wurde Jesus in diesem Ort geboren. Wir kennen alle die Geschichte von den Weisen aus
dem Osten, volkstümlich als die drei heiligen Könige bekannt. Sie kamen nach Jerusalem, weil sie als Astronomen einen auffälligen Stern gesehen hatten. Wir wissen
nicht genau, warum sie diese Erscheinung als ein Zeichen für die Geburt eines Königs in Israel deuteten, aber
vielleicht kannten sie jene Vorhersage aus dem Alten
Testament: „Es wird ein Stern aus Jakob aufgehen und
ein Zepter aus Israel aufkommen."[95] Der Stern steht in
dieser Vorhersage für ein Königszepter. Die Gelehrten
kamen nach Jerusalem und fragten: „Wo ist der neuge-
borene König der Juden? Wir haben seinen Stern aufgehen sehen und sind gekommen, ihn anzubeten. Als das

---

[94] Micha 5,1 (LUT)
[95] 4.Mose 24,17 (LUT)

der König Herodes hörte, erschrak er und mit ihm ganz Jerusalem, und er ließ zusammenkommen alle Hohenpriester und Schriftgelehrten des Volkes und erforschte von ihnen, wo der Christus geboren werden sollte. Und sie sagten ihm: In Bethlehem in Judäa; denn so steht es geschrieben durch den Propheten"[96] Hier wird deutlich, dass die Weisen nicht wussten, wo der versprochene König geboren werden sollte, aber die Theologen konnten sofort auf einen bestimmten Ort hinweisen. Aufgrund dieser Information gingen die Astronomen nach Bethlehem und fanden Jesus und seine Eltern. Der Stern und die Prophezeiung von Micha wiesen ihnen den Weg.

Ein weiteres Beispiel für ähnlich erstaunliche Vorhersagen sind die Eigenschaften, die diesem Kind im Buch des Propheten Jesaja zugeschrieben werden. Jesaja sagt im 8. Jh. v. Chr., dass ein Kind geboren wird, das göttliche Eigenschaften besitzt: „Denn uns wurde ein Kind geboren, uns wurde ein Sohn geschenkt. Auf seinen Schultern ruht die Herrschaft. Er heißt: wunderbarer Ratgeber, starker Gott, ewiger Vater, Friedensfürst."[97]

Das Kind wird als starker Gott und ewiger Vater bezeichnet. Wie kann man einem Neugeborenen solche

---

[96] Matthäus 2,2-5 (LUT)
[97] Jesaja 9,5 (NLB)

Namen geben? Jesus sagte: „Wer mich sieht, der sieht den Vater!"[98] Die ersten Christen bekannten, dass Jesus Gott gleich war. Thomas sagte zu Jesus: „Mein Herr und mein Gott!"[99] Johannes schrieb über Jesus: „Dieser ist der wahrhaftige Gott und das ewige Leben."[100]

Eine weitere Vorhersage spricht von einem Boten, der das Kommen des Messias vorbereiten wird. Der Prophet Maleachi im 5. Jh. v. Chr. zitiert Gott: „Siehe! Ich sende meinen Boten, damit er mir den Weg ebnet. Dann wird der Herr, den ihr sucht, unverhofft in seinen Tempel kommen. Der Bote des Bundes, auf den ihr so sehnsüchtig wartet, kommt, spricht der Herr, der Allmächtige."[101]

Diese Vorhersage über den Boten hat sich im Auftreten von Johannes dem Täufer erfüllt. Er sprach eindringlich zu den Menschen und viele Tausende kamen zu ihm. Er wurde als Prophet anerkannt und forderte die Menschen auf, ein ordentliches Leben zu führen, nicht zu betrügen und andere zu unterdrücken. Als Zeichen der Umkehr sollten sie sich taufen lassen: „Aus Jerusalem, aus allen Teilen Judäas und aus dem ganzen Jordanland strömten die Menschen hinaus in die Wüste, um ihn

---

[98] Johannes 14,9 (LUT)
[99] Johannes 20,28 (LUT)
[100] 1.Johannes 5,20 (LUT)
[101] Maleachi 3,1 (NLB)

predigen zu hören. Und wenn sie ihre Sünden bekannt hatten, taufte er sie im Jordan."[102] Johannes der Täufer kündigte das Erscheinen des Messias an: „Ich taufe all diejenigen mit Wasser, die ihren Sünden den Rücken kehren und sich Gott zuwenden. Doch bald kommt einer, der ist viel stärker als ich - so viel gewaltiger, dass ich nicht einmal wert bin, sein Diener zu sein."[103] „Am nächsten Tag, als Johannes Jesus auf sich zukommen sah, sagte er: »Seht her! Da ist das Lamm Gottes, das die Sünde der Welt wegnimmt! Er ist es, von dem ich sagte: `Bald nach mir kommt ein Mann, der größer ist als ich, denn er war da, lange bevor es mich gab.´ Ich kannte ihn nicht. Aber um Israel die Augen für ihn zu öffnen, bin ich gekommen und habe mit Wasser getauft."[104]

Der Prophet Jesaja spricht davon, was geschieht, wenn Gott auftritt: „Sie werden die Herrlichkeit des Herrn, die Pracht unseres Gottes, sehen … Er wird kommen und euch retten. Dann werden die Augen der Blinden und die Ohren der Tauben geöffnet. Der Lahme wird springen wie ein Hirsch, und der Stumme wird jubeln."[105]

---

[102] Matthäus 3,5.6 (NLB)
[103] Matthäus 3,11 (NLB)
[104] Johannes 1,29-31 (NLB)
[105] Jesaja 35,3-6 (LUT)

In den Evangelien wird die Erfüllung dieser Vorhersage beschrieben: „Und es kam eine große Menge zu ihm; die hatten bei sich Lahme, Blinde, Verkrüppelte, Stumme und viele andere und legten sie ihm vor die Füße, und er heilte sie, sodass sich das Volk verwunderte, als sie sahen, dass die Stummen redeten, die Verkrüppelten gesund waren, die Lahmen gingen und die Blinden sahen."[106]

Folgende Vorhersage von Sacharja aus dem 5. Jh. v. Chr. verblüfft, weil sie von einem König spricht, der gerecht und arm ist und nach Jerusalem kommen wird. "Du, Tochter Zion, freue dich sehr, und du, Tochter Jerusalem, jauchze! Siehe, dein König kommt zu dir, ein Gerechter und ein Helfer, arm und reitet auf einem Esel, auf einem Füllen der Eselin."[107] Als Jesus das letzte Mal nach Jerusalem kam, erfüllte sich auch diese Prophezeiung.[108]

Fassen wir die Vorhersagen zusammen:
1. Bethlehem wird als Geburtsort einer führenden Person von Israel erwähnt. Dabei wird aber gesagt, dass er schon ewig existiert.

---

[106] Matthäus 15,30.31 (LUT)
[107] Sacharja 9,9 (LUT)
[108] Johannes 12,12-16

2. Die besonderen Eigenschaften des Kindes sind: Wunderbarer Ratgeber, starker Gott, ewiger Vater, Friedensfürst.

3. Ein Bote, der den Weg für Gott vorbereitet, wird prophezeit.

4. Massenhaften Heilungen werden erwähnt, wenn Gott erscheint.

5. Wir lesen vom Einzug eines gerechten, aber armen Königs in Jerusalem.

Alle diese Vorhersagen haben sich im Leben Jesu erfüllt. Aber es gibt noch weitere erstaunliche Prophezeiungen, die auf den Sinn seines Todes hinweisen. Dazu mehr im nächsten Kapitel.

QUMRAN UND JESUS

Am Anfang des Jahres 1947 war Muhammad adh-Dhib, ein jordanischer Beduinenjunge, westlich vom Toten Meer, 13 km südlich der Stadt Jerusalem, mit einer Ziegenherde unterwegs. Er bemerkte, dass ihm eine Ziege entlaufen war. In der Nähe des Ortes Qumran sah der Junge an einem felsigen Hang mehrere Höhlen. Er dachte sich, dass die Ziege in einer der Öffnungen verschwunden sein könnte. Deshalb warf er einen Stein in eine Höhle. Da hörte er ein Klirren. Das machte ihn neugierig. Er stieg die Felswand hinauf und kroch in diese Öffnung. Er fand verschieden große Krüge. Darin wurden die ältesten biblischen Texte entdeckt. Fast alle Bücher des Alten Testaments wurden in Rollen oder Fragmenten gefunden. Eine komplette Jesajarolle aus Leder aus dem 2. Jh. v. Chr. war in den abgedichteten Tonkrügen verborgen. Sie ist heute in Jerusalem im Museum „Schrein des Buches" als Kopie zu sehen. Der Text ist fein säuberlich auf 17 aneinander genähten Lederblättern mit einer Gesamtlänge von ungefähr 7,30m in 54 Spalten geschrieben. Man verglich diese Schriftrolle mit einer 1000 Jahre jüngeren Ausgabe des Alten Testaments. Die Gelehrten waren überrascht, wie genau dieser Text überliefert wurde. Für unser Thema ist dieser Fund wichtig, denn das Buch Jesaja enthält Vorhersagen vom Sterben und der Auferstehung Jesu. Das Besondere an dem Fund in Qumran ist, dass wir auf einen Text zugreifen können, der eindeutig 200 Jahre vor dem Erscheinen Jesu vorhanden war. Damit kann man nachweisen, dass es sich tatsächlich um Aussagen handelt, die hunderte Jahre vor ihrer Erfüllung niedergeschrieben wurden. Jesaja trat als Prophet in Israel ungefähr in dem Zeitraum von 740 bis 700 v. Chr. auf. Uns interessiert besonders das 52. und 53. Kapitel dieses Buches.

1. Einem Diener Gottes wird seine Aufgabe gelingen (52,13)

2. Man ist entsetzt über seine Gestalt. Sie wird als hässlich bewertet. (52,14)

3. Er wird die Heiden in Staunen versetzen und sie werden etwas erfahren, was sie nicht kannten. (52,15)

4. Kaum jemand wird verstehen, was Gott vorhat. (53,1)

5. Dieser Diener wird nicht als hohe Persönlichkeit auftreten. (53,2)

6. Er wird verachtet und ist ein Mensch, der viel Leid ertragen muss. (53,3)

7. Er wird die Krankheit der Menschen auf sich nehmen und man wird denken, dass Gott ihn bestraft. (53,4)

8. Doch er wird für die Menschen sterben. Auf ihm liegt die Strafe, damit wir Frieden finden können. Durch seine Wunden werden wir geheilt. (53,5)

9. Wir sind alle falsche Wege gegangen, doch Gott wirft unsere Schuld auf ihn. (53,6)

10. Als er gefoltert wird, leidet er bereitwillig und wehrt sich nicht. (53,7)

11. Er wird getötet für die Schuld der Menschen. (53,8)

12. Er wird behandelt wie ein Verbrecher, obwohl er nichts Unrechtes getan hat. (53,9)

13. Alles was hier geschieht ist ein Teil des Planes Gottes. Er gibt sein Leben als Opfer für die Schuld der Menschen hin und wird wieder leben. Er wird viele Nachfolger haben. Der Plan Gottes wird durch sein Leben gelingen. (53,10)

14. Der gerechte Knecht wird vielen Gerechtigkeit bringen, denn er trägt ihre Schuld. (53,11)

15. Er wird Richter werden, weil er sein Leben gegeben hat und wie ein Verbrecher behandelt wurde. Er hat die Schuld der Menschen getragen und für die Übeltäter gebetet. (53,12)

Alle vier Evangelien berichten über das Leben Jesu und bestätigen die Erfüllung der Prophezeiung von Jesaja, die 700 Jahre vorher gegeben wurde.

Es gibt jedoch noch weitere Propheten des Alten Testaments, die den Tod Jesu prophezeien. Sacharja, z.B., der rund 500 Jahre vor Jesus lebte, zitiert Gott: „Sie werden mich ansehen, den sie durchbohrt haben, und sie werden um mich klagen, wie man klagt um ein einziges Kind."[109]

Diese Zeilen gehören wieder zu den erstaunlichen Aussagen, die sich wohl nie ein Mensch hätte ausdenken können. Gott selbst wird durchbohrt? Diese Vorhersage kann sich nur auflösen in der Person von Jesus Christus, der als Sohn Gottes mit seinem Vater im Himmel auf einer Stufe gesehen wird.

Wir haben zwei wichtige Hinweise, dass das Kommen Jesu wirklich ein Wunder der Geschichte ist. Erstens gibt es die Berichte der ersten Christen über seinen Tod und die Auferstehung. Und zweitens zeigen uns die Vorhersagen, dass Jesus sowohl im Alten als auch im Neuen Testament eine entscheidende Bedeutung hat.

---

[109] Sacharja 12,10 (LUT)

EIN PROPHETISCHES LIED

Das Wunder der Prophetie zeigt, dass der Tod Jesu und seine Auferstehung einen besonderen Sinn haben. Diese Ereignisse wurden in vielen Details von Jesaja und Sacharja vorhergesagt. David schreibt 1000 Jahre vor Jesus ein Lied, den Psalm 22, in dem er eine leidende Person beschreibt, die ausruft: „Mein Gott, mein Gott warum hast du mich verlassen!... Wer mich sieht, macht sich über mich lustig, lacht höhnisch und schüttelt den Kopf: »Ist das der Mensch, der sich auf den Herrn verlässt? Dann soll der Herr ihn doch retten! Wenn der Herr ihn so sehr liebt, soll er ihn auch befreien!« … Meine Feinde umringen mich wie eine Herde Stiere, wie wilde Stiere umzingeln sie mich. Wie ein brüllender Löwe greifen sie ihre Beute an und kommen mit aufgerissenem Maul auf mich zu. Mein Leben ist ausgeschüttet wie Wasser und meine Knochen haben sich voneinander gelöst. Mein Herz ist in meinem Inneren wie zerschmolzenes Wachs. Mein Körper ist ausgetrocknet wie eine Scherbe aus Ton. Meine Zunge klebt mir am Gaumen. Du hast mich in den Staub gestoßen und wie tot liegen lassen. Wie ein Rudel Hunde umkreisen mich meine Feinde und eine Rotte von Bösen treibt mich in die Enge. Sie haben mir Hände und Füße durchbohrt. Alle meine Knochen kann ich zählen. Meine Gegner sehen mich schadenfroh an. Sie teilen meine Kleider unter sich auf und würfeln um mein Gewand."[110] Dieses Lied passt erstaunlich genau auf die letzten Stunden von Jesus. An einem Freitag um 9.00 Uhr vormittags nagelten römische Soldaten seine Hände und Füße an ein Holzkreuz. Sie hatten sich vorher die Kleider von Jesus genommen, sie aufgeteilt und um sein Untergewand das Los geworfen[111] - genau wie im Psalm 22 beschrieben. Jesus wurde so verspottet wie es David 1000 Jahre zuvor schildert. Wir lesen im Matthäusevangelium: „Die Leute, die vorübergingen, beschimpften und verhöhnten ihn: »So! Du kannst also den Tempel zerstören und in drei Tagen wieder aufbauen? Nun, wenn du der Sohn Gottes bist, dann rette dich doch selbst und steig vom Kreuz herab!« Die obersten Priester, Schriftgelehrten und Ältesten verspotteten Jesus ebenfalls. »Anderen hat er geholfen«, höhnten sie, »aber sich selbst kann er nicht helfen! Wenn er wirklich der König Israels ist, dann soll er doch vom Kreuz herabsteigen. Dann werden wir an ihn glauben! Er hat Gott vertraut - nun soll Gott zeigen, dass er zu ihm steht, indem er ihn verschont! Er hat ja behauptet: `Ich bin der Sohn Gottes.´« Und auch die Verbrecher, die mit ihm gekreuzigt worden waren, verhöhnten ihn."[112]

---

[110] Psalm 22,2.9-19 (NLB)
[111] Johannes 19,23-24
[112] Matthäus 27,39-44 (NLB)

Um die Mittagszeit wurde es plötzlich im ganzen Land dunkel und ca. um 15.00 Uhr rief Jesus: „Mein Gott, mein Gott! Warum hast du mich verlassen!"[113] Es ist der Satz, mit dem der Psalm 22 beginnt. Als Jesus diesen Satz ausgesprochen hatte, schrie er auf und starb - nach sechs schrecklich schmerzhaften Stunden.

Im zweiten Teil des Psalms 22 wendet sich alles wieder zum Guten. „Aber du, Herr, entferne dich nicht von mir! Du bist meine Stärke, komm mir schnell zu Hilfe! Rette mich vor einem gewaltsamen Tod und beschütze mein kostbares Leben vor diesen Hunden. Entreiße mich aus dem Rachen des Löwen und rette mich vor den Hörnern dieser wilden Stiere. Du hast mich erhört! Meinen Brüdern will ich deinen Namen verkünden und dich vor der ganzen Gemeinde ehren. Lobt den Herrn, alle, die ihn fürchten! Ehrt ihn, ihr Nachkommen Jakobs! Erweist ihm Ehrfurcht, ihr Nachkommen Israels! Denn er hat die Augen nicht vor dem Leid des Bedürftigen verschlossen. Er hat sich nicht abgewandt, sondern hat seine Hilferufe gehört. Dich will ich loben vor der ganzen Gemeinde und will meine Versprechen vor allen, die dich anbeten, erfüllen. Die Armen sollen essen und satt werden und alle, die den Herrn suchen, werden ihn loben. Euer Herz soll für immer leben. Die ganze Erde wird den Herrn

---

[113] Matthäus 27,46 (NLB)

anerkennen und zu ihm zurückkehren. Die Menschen aller Völker werden sich vor ihm verneigen... Kommende Generationen werden ihm dienen; ihnen wird man vom Herrn erzählen. Wie gerecht er ist, das werden sie einem Volk berichten, das erst noch entsteht - denn er hat gehandelt."[114]

Nach der Kreuzigung erfolgte am dritten Tag die Auferstehung. Die Zeugen der Auferstehung haben darüber gesprochen und haben unter Lebensgefahr den Menschen davon erzählt. Trotz Angriffen hat sich das Christentum über die ganze Welt ausgebreitet und seine Basis ist der Tod und die Auferstehung von Jesus. Heute wird Jesus in der ganzen Welt verehrt, so wie es im Psalm 22 beschrieben wird.

Die vielen Parallelen zum Leben Jesu in diesem Psalm scheinen kein Zufall zu sein. Hier wird 1000 Jahre vor dem Ereignis von der Kreuzigung, der Auferstehung und der Ausbreitung des Glaubens gesungen.

---

[114] Psalm 22,20-32 (NLB)

GUT UND BÖSE

Er wohnt auf einer griechischen Urlaubsinsel. Ich weiß nicht auf welcher Insel und ich weiß auch leider nicht wie er heißt, aber seine Worte gehen mir nicht aus den Sinn. Neben seiner Arbeit sammelt er für Flüchtlinge Geld und bringt ihnen Lebensmittel, Decken, Zelte und vieles mehr. Er wurde gefragt, warum er den Gestrandeten hilft. Er sagte: „Ich helfe ihnen, damit sie wenigstens ein wenig ihre Würde bewahren können und ich die meine." Hier spricht ein guter Mensch, der sich vom Leid und der Not berühren lässt und ganz praktisch hilft.

Der Mensch kann hilfsbereit, freundlich, geduldig, ehrlich sein. Doch wie es die Weltgeschichte ausreichend belegt, verfügen wir nicht nur über gute Eigenschaften. Genauso wie wir die Fähigkeit haben zu lieben und Gutes zu tun, können wir auch sehr egoistisch und verletzend sein. Wir haben einen freien Willen, sind aber auch Getriebene und nicht immer Herr im eigenen Lebenshaus. Wie viele, „ganz normale" Menschen, sitzen im Gefängnis, weil sie sich zu Handlungen hinreißen haben lassen, die sie nicht für möglich gehalten haben? In uns schlummern Kräfte, die eine zerstörerische Wirkung haben.

Woher kommt das Böse? Jesus sagt, dass das Misstrauen gegenüber Gott bereits das Böse bzw. die Sünde ist.[115] Warum liegt schon im Misstrauen das Böse verborgen? Wenn es Gott gibt und ich ihm vertraue, dann brauche ich keine Angst haben. Habe ich mich aber von diesem Vertrauen gelöst, kommen Ängste hoch, die mit den Grundfragen des Lebens zusammenhängen: Wovon lebe ich? Was habe ich? Wer bin ich? Um diese Fragen positiv zu beantworten, versuchen wir uns abzusichern und geraten dabei in den Strudel des Egoismus. Alles dreht sich dann um mich und meine Sicherheit und Identität. Aus dieser ichorientierten Haltung kommt es zu bösen Handlungen. Dann klagen wir einander an, bekämpfen, hassen und töten einander.

Jakobus sagt dazu: „Woher kommen denn die Kämpfe und Streitigkeiten zwischen euch? Doch nur aus den Leidenschaften, die ständig in eurem Innern toben! Ihr verzehrt euch nach etwas, was ihr gerne hättet. Ihr mordet und seid eifersüchtig, aber das bringt euch dem ersehnten Ziel nicht näher. Ihr versucht es mit Kampf und Gewalt; aber ihr bekommt trotzdem nicht, was ihr wollt, weil ihr Gott nicht darum bittet."[116]

---

[115] Johannes 16,9
[116] Jakobus 4,1.2 (GNB)

Böse Leidenschaften werden entfacht, weil man sich absichern will und dafür den Nächsten über den Tisch zieht; ja sogar über Leichen geht.

Paulus schreibt über die Entwicklung der Menschheit zum Bösen: „Gott war ihnen gleichgültig; sie gaben sich keine Mühe, ihn zu erkennen. Deshalb überlässt Gott sie einer inneren Haltung, die ihr ganzes Leben verdirbt. Und folglich tun sie Dinge, mit denen sie nichts zu tun haben sollten: Sie sind voller Unrecht und Gemeinheit, Habgier, Bosheit und Neid, ja sogar Mord; voller Streit, Hinterlist und Verlogenheit, Klatsch und Verleumdung. Sie hassen Gott, sind gewalttätig, anmaßend und überheblich. Beim Bösen sind sie sehr erfinderisch. Sie weigern sich, auf ihre Eltern zu hören, haben weder Herz noch Verstand, lassen Menschen im Stich und sind erbarmungslos. Dabei wissen sie ganz genau, dass sie nach dem Urteil Gottes dafür den Tod verdient haben. Trotzdem machen sie so weiter wie bisher, ja, sie freuen sich sogar noch, wenn andere es genauso treiben."[117] Paulus meint, dass Ausgangspunkt des Bösen die Abwendung von Gott ist. Sie zeigt sich in der Gleichgültigkeit der Menschen gegenüber dem Glauben. Dadurch kommt es zu einem Werteverfall, der Ungerechtigkeit, Leid und Tod hervorbringt.

---

[117] Römer 1,28-32 (HFA)

Die Frage nach dem Ursprung des Bösen ist jedoch so noch nicht ganz beantwortet. Von Jesus und einigen Schreibern der Bibel erfahren wir, dass sich sogar Engel von Gott abgewandt haben. Es begann bei einem einzelnen Geschöpf aus einer himmlischen Dimension: „Du warst ohne Tadel in deinem Tun von dem Tage an, als du geschaffen wurdest, bis an dir Missetat gefunden wurde. Durch deinen großen Handel wurdest du voll von Gewalttat und hast dich versündigt. Da verstieß ich dich vom Berge Gottes und tilgte dich, du schirmender Cherub[118], hinweg aus der Mitte der feurigen Steine. Weil sich dein Herz erhob, dass du so schön warst, und du deine Weisheit verdorben hast in all deinem Glanz, darum habe ich dich zu Boden gestürzt.[119] Jesus erwähnt diese übernatürliche Gestalt: „Er war von Anbeginn an ein Mörder und hat die Wahrheit immer gehasst. In ihm ist keine Wahrheit. Wenn er lügt, entspricht das seinem Wesen, denn er ist ein Lügner und der Vater der Lüge."[120] Hier ist ein Engel gemeint, der als der Ursprung von Mord und Lüge bezeichnet wird. Er hat seine Freiheit verwendet, um sich gegen den Schöpfer zu stellen. Wir wissen über die Entscheidungen dieses Engels nicht sehr viel. Es gibt einige wenige Aussagen in

---

[118] Engel
[119] Hesekiel 28,15-17 (LUT)
[120] Johannes 8,44.45 (NLB)

der Bibel, die zeigen, dass seine Geisteshaltung sich auch auf der Erde ausgebreitet hat: „Der Teufel und Satan, der die ganze Welt verführt. Er wurde auf die Erde geworfen, und seine Engel wurden mit ihm dahin geworfen."[121] Wir können die Entstehung des Bösen nicht verstehen, denn warum hat dieser Engel sich von Gott abgewandt und warum versucht er Menschen von Gott wegzubringen? Dasselbe gilt für das Böse in dieser Welt. Warum bringen Diktatoren Millionen von Menschen um? Darauf gibt es keine sinnvolle und rationale Antwort. Die Bibel spricht vom Geheimnis der Gesetzlosigkeit.[122] Sie nennt ein starkes Motiv für die Entstehung des Bösen. Nach Jesaja wollen Könige und auch dieser gefallene Engel Gott gleich werden: „Wie bist du vom Himmel gefallen, du schöner Morgenstern! Wie wurdest du zu Boden geschlagen, du Bezwinger der Völker! Du aber gedachtest in deinem Herzen: »Ich will in den Himmel steigen und meinen Thron über die Sterne Gottes erhöhen, ich will mich setzen auf den Berg der Versammlung im fernsten Norden. Ich will auffahren über die hohen Wolken und gleich sein dem Allerhöchsten."[123] Der Machtrausch der irdischen Tyrannen und des gefallenen Engels führten zu Grausamkeit und Mord. Aber viele

---

[121] Offenbarung 12,9 (LUT)
[122] 2.Thessalonicher 2,7 (NLB)
[123] Jesaja 14,12-14 (LUT)

fragen sich, warum lässt Gott das Böse zu? Vielleicht kann man sich einer Antwort auf folgendem Weg nähern. Zwang und Liebe schließen einander aus. Gott hat den Menschen den freien Willen gegeben und zwingt in dieser Welt niemanden, sich für das Gute zu entscheiden. Doch eines Tages wird Gott über das Böse richten und das Leid beenden. Der weise König Salomo sagt: „Bring Gott Achtung entgegen und tu das, was er in seinen Geboten fordert! Das gilt für jeden Menschen. Gott wird über alle unsere Taten Gericht halten - seien sie gut oder böse."[124] Gott hat einen Plan, der seinem Wesen der Liebe und Geduld entspricht und für alle nachvollziehbar sein wird.

Jesus sagt, dass es ein Gericht geben wird, wo wir danach beurteilt werden, ob wir uns von der Not der Mitmenschen berühren haben lassen oder nicht. Und er identifiziert sich mit jenen, die Hilfe brauchen: „Kommt, ihr seid von meinem Vater gesegnet, ihr sollt das Reich Gottes erben, das seit der Erschaffung der Welt auf euch wartet. Denn ich war hungrig, und ihr habt mir zu essen gegeben. Ich war durstig, und ihr gabt mir zu trinken. Ich war ein Fremder, und ihr habt mich in euer Haus eingeladen. Ich war nackt, und ihr habt mich gekleidet. Ich war krank, und ihr habt mich gepflegt. Ich war im

---

[124] Prediger 12,13.14 (NLB)

Gefängnis, und ihr habt mich besucht.´ Dann werden diese Gerechten fragen: `Herr, wann haben wir dich jemals hungrig gesehen und dir zu essen gegeben? Wann sahen wir dich durstig und haben dir zu trinken gegeben? Wann warst du ein Fremder und wir haben dir Gastfreundschaft erwiesen? Oder wann warst du nackt und wir haben dich gekleidet? Wann haben wir dich je krank oder im Gefängnis gesehen und haben dich besucht?´ Und der König wird ihnen entgegnen: `Ich versichere euch: Was ihr für einen der Geringsten meiner Brüder und Schwestern getan habt, das habt ihr für mich getan!"[125]

Wir haben demnach nicht nur negative Anteile in uns. Der Mensch ist in der Lage sich von der Not seiner Mitmenschen ansprechen zu lassen und das Gute zu tun. Wer das Gute tut, wirkt mit und für Jesus, auch wenn er sich dessen nicht bewusst ist. Der Glaube will das Gute im Menschen fördern. So sagt der Prophet Micha: „Der Herr hat dich wissen lassen, Mensch, was gut ist und was er von dir erwartet: Halte dich an das Recht, sei menschlich zu deinen Mitmenschen und lebe in steter Verbindung mit deinem Gott!"[126]

---

[125] Matthäus 25,34-40 (NLB)
[126] Micha 6,8 (GNB)

DER TOD

Vor mehreren Jahren ging ich mit meiner Familie an einem Strand entlang, der etwas abseits des Badebetriebes lag. Pflanzen, Muscheln, Algen und ein toter Delfin waren an den Strand gespült worden. Ich war etwas geschockt, als ich das ausgetrocknete Säugetier sah. Einen lebendigen Delfin zu sehen, wie er sich rasch durchs Wasser bewegt und voller Begeisterung hochspringt, ist ein großartiges Erlebnis. Delfine gehören zu den intelligentesten Tieren und sie berühren uns durch ihre Energie und Eleganz. Der Schöpfer hat sich viele wunderbare Tiere ausgedacht und doch gibt es diesen unheimlichen und bedrückenden Gegensatz zwischen Leben und Tod.

Der Mensch ist mit seinen Fähigkeiten noch ein größeres Wunder als ein Delfin. Und es fühlt sich paradox an: So wunderbar die Geburt eines Kindes ist, so erschütternd ist das Gegenteil, das Sterben eines geliebten Menschen. Warum sind wir so hoch komplex und perfekt in unseren körperlichen und seelischen Funktionen, um dann aber doch dem Tod zu verfallen? Das ergibt für uns keinen Sinn.

Eine schlüssige Antwort finden wir in der Bibel. Hier wird berichtet, dass die Menschen am Anfang der

Weltgeschichte nicht gestorben sind. Es war alles sehr gut.[127] Wir denken, der Tod sei immer Teil der Natur gewesen, doch die Bibel sagt, dass erst mit der Trennung von Gott die Vergänglichkeit über die Schöpfung gekommen ist.

Als die ersten Menschen Gott nicht mehr vertraut haben, kam es zu gravierenden Veränderungen im Menschen und in der Natur: „Dann sprach er zu der Frau: »Mit großer Mühe und unter Schmerzen wirst du Kinder zur Welt bringen. Du wirst dich nach deinem Mann sehnen, doch er wird über dich herrschen.« Und zu Adam sprach er: »Weil du auf deine Frau gehört und von der verbotenen Frucht gegessen hast, soll der Ackerboden deinetwegen verflucht sein. Dein ganzes Leben lang wirst du dich abmühen, um dich davon zu ernähren. Dornen und Disteln werden auf ihm wachsen, doch du musst dich vom Gewächs des Feldes ernähren. Dein ganzes Leben lang wirst du im Schweiße deines Angesichts arbeiten müssen, um dich zu ernähren - bis zu dem Tag, an dem du zum Erdboden zurückkehrst, von dem du genommen wurdest. Denn du bist aus Staub und wirst wieder zu Staub werden."[128]

---

[127] 1.Mose 1,31
[128] 1.Mose 3,16-19 (NLB)

Die Schöpfung war nach der Trennung von Gott nicht mehr sehr gut, sie wurde sterblich. Paulus schreibt in seinem Brief an die Christen in Rom: „Alles auf Erden wurde der Vergänglichkeit unterworfen. Dies geschah gegen ihren Willen durch den, der sie unterworfen hat. Aber die ganze Schöpfung hofft auf den Tag, an dem sie von Tod und Vergänglichkeit befreit wird zur herrlichen Freiheit der Kinder Gottes. Denn wir wissen, dass die ganze Schöpfung bis zu diesem Augenblick mit uns seufzt, wie unter den Schmerzen einer Geburt."[129] Gott hat die gesamte Natur der Vergänglichkeit ausgeliefert. Sie sehnt sich, so Paulus, mit uns nach Befreiung von Leid und Tod.

Dass die Natur und die Menschen durch die Trennung von Gott sterblich wurden, kann man mit folgendem Bild erklären. Ihr Mobiltelefon müssen Sie immer wieder aufladen. Was passiert, wenn Sie es nicht mehr an einer Stromquelle anstecken wollen oder können? Es würde nach einigen Stunden Betrieb seinen Geist aufgeben. So ist auch die Trennung von Gott, eine Loslösung von der Lebensquelle und führt damit zum Tod.[130] Wir sind nicht in uns selbst unsterblich, sondern sind von der Lebensenergie abhängig, die uns Gott gibt. Trennen wir uns von

---

[129] Römer 8,20-22 (NLB)
[130] Römer 6,23

ihm, dann trennen wir uns vom Leben, deshalb ist der Tod die Folge. Es geht nicht darum, dass Gott Freude daran hätte uns mit dem Tod zu strafen, sondern er ist die logische Konsequenz eines Lebens ohne ihn. Wenn das Problem die Abwendung von Gott war, dann ist die Lösung die Hinwendung zu ihm. Wir sollen den suchen, der ewiges Leben geben kann – den Schöpfer. Er allein kann ewige Jugend und Unsterblichkeit schenken.

Das erinnert mich an eine außergewöhnliche Geschichte, in der ein freilebender Delfin sich einem Taucher näherte, weil sich eine Angelschnur mit Haken in seiner linken Brustflosse verheddert hatte.[131] Der erfahrene Taucher musste ein Messer verwenden, um dem Tier zu helfen. Der Delfin drehte dem Taucher seine Flosse zu und wurde von der lästigen Angelschnur befreit. Seien wir doch so klug wie der Delfin und wenden wir uns an den, der uns gemacht hat. Wer sich Gott anvertraut, dem wird geholfen werden.

Gott hat einen Weg gefunden, um uns vom ewigen Tod zu befreien: „Denn der Lohn der Sünde ist der Tod; das unverdiente Geschenk Gottes dagegen ist das ewige

---

[131] 11. Januar 2013 während eines Nachttauchgangs von „Ocean Wings Hawaii" zur Beobachtung von Manta-Rochen vor der Küste von Kona auf Big Island. (delphinschutz.org)

Leben durch Christus Jesus, unseren Herrn."[132] Die ursprüngliche Trennung von Gott führte zur Vergänglichkeit der Menschheit und Natur, doch es gibt ein Geschenk für uns. Ein Geschenk kann man sich nicht verdienen. Es kann nur im Vertrauen angenommen werden. Gott will dadurch die Trennung zwischen ihm und uns überwinden. Wir können für ein Geschenk nichts bezahlen. Das Einzige, was wir tun können, ist dafür dankbar zu sein. Doch warum musste Jesus für dieses Geschenk sterben? Darum geht es im nächsten Abschnitt.

EINER FÜR ALLE

Wir wünschen uns alle Gerechtigkeit! Wenn ein Diktator tausende Menschen tötet, fordern wir eine Verurteilung! Wenn jemand einen Mord begeht, fordern wir eine Strafe! Wenn Diebe Banken ausrauben oder Banken zu Dieben werden, dann wollen wir, dass die Täter zur Rechenschaft gezogen werden! Oder würden wir den Kriminellen einfach vergeben? Wir würden alle darauf bestehen, dass Böses bestraft wird. Allein mit Vergebung lässt sich das Problem nicht aus der Welt schaffen.

Doch wann sollte die Gerechtigkeit Gottes beginnen? Bei den großen Untaten wie Mord und Bankraub oder schon bei Lieblosigkeit, Schadenfreude, Neid und Unversöhnlichkeit? Wo würden wir die Grenze ziehen? Wir sterben alle, weil wir egoistisch und bösartig sind. Wir werden schon mit der Neigung zum Bösen geboren und schaffen es nicht, ein Leben ohne persönliche Schuld zu führen. Jede Übertretung der Gottes- und Nächstenliebe führt zum Tod. Anrecht auf das ewige Leben haben nur jene, die das Gesetz Gottes vollkommen halten. Doch wir wissen, dass folgender Satz der Bibel stimmt: „Da ist keiner, der gerecht ist, auch nicht einer."[133]

---

[133] Römer 3,10 (LUT)

Nachdem keiner von uns gerecht vor Gott ist, haben wir ein Problem; dann sind wir alle zum Tod verurteilt. Gibt es aus dieser Situation einen Ausweg? Gibt es eine Lösung für uns, die wir dem Tod geweiht sind?

Die folgende Geschichte soll das Problem und die Lösung illustrieren. Im Jahr 1797 wurde im Kaukasus der Königssohn Schamil geboren. Von seinem Vater übernahm er die Führung seines Bergvolkes. Bei seinen Untertanen war Schamil sehr beliebt. Er war ein gerechter König und vorbildlicher Sohn, der seine Eltern liebte. Eines Tages meldete man Schamil, dass aus dem eigenen Heerlager an ein feindliches Nachbarvolk wichtige Geheimnisse verraten worden waren. Trotz genauer Nachforschungen fand man den Verräter nicht. Schamil ließ im Volk bekannt machen, dass der Verräter mit 100 Geißelhieben auf den Rücken bestraft werden sollte. Eines Tages kam ein Berater des Königs und erzählte zögerlich, wer die Schuldige sei: „Es ist deine Mutter!" Schamil war schockiert und zog sich drei Tage zurück. Er rang um eine Entscheidung. Sein Gerechtigkeitsempfinden sagte: „Sie muss bestraft werden!" Doch die Liebe zu seiner Mutter ließ ihn denken: „Du kannst deine Mutter nicht auspeitschen lassen."

Alle fragten sich, wie er handeln würde. Nach den drei Tagen stand Schamil vor seinem Volk und verkündigte: „Es ist meine Pflicht, ein gerechtes Urteil zu fällen. Die Strafe muss vollzogen werden." Zum Henker rief er: „Wehe, du schonst sie!" Als unter tiefem Schweigen des Volkes der Henker die Geißel ergriff, nahm Schamil seinen Mantel von den Schultern und rief: „Ich bin ihr Fleisch und Blut, ich trage ihre Strafe, schlage mich!" – So fiel Schlag auf Schlag die Geißel auf den Rücken des Königs, bis er ohnmächtig in seinem Blut lag. So hatte Schamil die Forderung nach Gerechtigkeit mit der Liebe zu seiner Mutter verbunden.[134]

So wie der König Schamil anstelle seiner Mutter die Strafe erlitt, weil er sie liebte, war auch Jesus bereit für uns zu sterben. Jesus sagt, er sei gekommen, um sein Leben für die Erlösung zu geben. Er nahm die Folgen der Trennung von Gott und der Gesetzesübertretung auf sich und hat uns damit das ewige Leben ermöglicht. Er starb am Kreuz stellvertretend für uns Menschen. Jesus erlitt durch die Schuld der Menschheit den Tod und die Trennung von seinem Vater. Deutlich wird das an

---

[134] Hans Heinz, Zwischen Zeit und Ewigkeit, S. 102; Diese Geschichte wurde von ähnlichen Schilderungen über den Imam Schamil (1797-1871) abgeleitet. Es gibt dazu einen historischen Roman von Helmut Höfling: Der Löwe vom Kaukasus, Kindle Edition, 2014

seinen Worten bevor er starb: „Mein Gott, mein Gott, warum hast du mich verlassen!"[135] Obwohl er durch diese psychische Hölle ging, legte er sein Leben in die Hände seines Vaters. Er ist für uns gestorben, weil wir ansonsten für immer sterben müssten und keine Hoffnung auf ein ewiges Leben haben könnten. Dieser Gedanke wird in der schon erwähnten Aussage zusammengefasst: „Denn der Lohn der Sünde ist der Tod; das unverdiente Geschenk Gottes dagegen ist das ewige Leben durch Christus Jesus, unseren Herrn." [136]

Was kann ich tun? Ich bin eingeladen dieses Geschenk anzunehmen. Wenn ich mich Jesus anvertraue, erhalte ich das ewige Leben. Es ist das Wunder der Erlösung. Darum sagt Jesus: „Glaubt an Gott und glaubt an mich!"[137]

[135] Matthäus 27,46 (LUT)
[136] Römer 6,23 (NLB)
[137] Johannes 14,1 (LUT)

DER ROTE FADEN

Das Besondere des christlichen Glaubens ist, dass die Grundlagen schon viele hunderte Jahre vorher gelegt worden sind. Als Johannes der Täufer Jesus sah, rief er aus: „Seht her! Da ist das Lamm Gottes, das die Sünde der Welt wegnimmt!"[138] Johannes nahm damit auf Rituale des Alten Testaments Bezug. Das Lamm war ein Opfertier, das zur Vergebung der Sünden zu einem heiligen Ort gebracht wurde. Um 1450 v. Chr. bekam Mose den Auftrag, dass die Israeliten ein besonderes Zelt errichten sollten. Er erhielt von Gott genaue Anweisungen wie dieses Heiligtum aussehen sollte: „Und sie sollen mir ein Heiligtum machen, dass ich unter ihnen wohne. Genau nach dem Plan, den ich dir von der Wohnung und ihrem ganzen Gerät zeige, sollt ihr's machen."[139] Um das Zelt herum sollten sie einen Zaun aus Pfeilern und weißen

---

[138] Johannes 1,29 (NLB)
[139] 2.Mose 25,8 (LUT)

Tüchern errichten. Vor dem Zelt gab es einen Bereich, den man Vorhof (1) nannte. Dort standen ein Brandopferaltar und ein Waschbecken. Hier wurden Tiere geopfert und bevor der Priester in das Zelt ging, musste er sich im Waschbecken die Hände waschen. Das Zelt hatte zwei Räume – das Heilige (2) und das Allerheiligste (3). Im ersten Raum des Zeltes waren der siebenarmige Leuchter, der Schaubrotetisch mit 12 Broten und der Räucheraltar. Im zweiten Raum gab es eine vergoldete Holztruhe, die man Bundeslade nannte. Darin wurden die zehn Gebote aufbewahrt. Sie bildeten die Grundlage des Glaubens und des Lebens mit Gott. Verbunden mit diesem heiligen Ort waren verschiedene Opferrituale.

Wenn ein Israelit Vergebung seiner Sünden wollte, dann musste er je nach Verantwortungsposition ein Lamm oder einen Stier opfern. Ärmere Leute konnten auch Tauben und Mehl opfern. Der Israelit ging in den Vorhof des Heiligtums, legte seine Hände auf das Tier, bekannte seine Sünden und opferte dort sein Lamm. Der Priester fing ein wenig Blut auf und strich es an die Ecken des Altars, auf dem ein Teil des Opfertieres verbrannt wurde. Damit war dieses Ritual beendet und der Israelit konnte befreit nach Hause gehen.[140]

---

[140] 3.Mose 4,1-35; 5,1-13

Im Neuen Testament werden das Opfer und die Priester als ein prophetischer Hinweis auf Jesus gesehen. Das Heiligtum selbst weist auf einen Ort im Himmel hin. „Ihr seid zu Jesus gekommen, dem Vermittler des neuen Bundes zwischen Gott und Menschen, und seid durch sein Blut von Schuld gereinigt worden ... Denn Christus ging in den Himmel selbst, um nun für uns vor Gott einzutreten. Er betrat nicht das irdische Heiligtum, denn dies war nur ein Abbild des wahren Tempels im Himmel."[141]

Opfer - Tod Jesu

Priester - Jesus als Fürsprecher

Heiligtum - Heiliger Ort im Himmel

In dieser Erklärung haben wir alle drei Hauptbereiche der Opferrituale erwähnt: Opfer, Priester und Heiligtum. Das Opfer weist auf den Tod Jesu hin. Der Priester ist auch ein Hinweis auf Jesus, der nach seinem Tod und seiner Auferstehung an einem himmlischen Ort bzw. in einem himmlischen Heiligtum als Fürsprecher eintritt. Als Jesus am Kreuz starb, war dieser Moment von außergewöhnlichen Erscheinungen begleitet. Matthäus, Markus und Lukas berichten, dass beim Tod Jesu der Vorhang zwischen dem Heiligen und Allerheiligsten im

---

[141] Hebräer 12,24.25 (NLB)

Tempel zerriss.[142] Dieser Vorhang, der dick wie ein Teppich war, zerriss von oben nach unten.[143] Das war ein Zeichen Gottes, dass die Rituale der Priester sich in Jesus erfüllt haben. Es ist nicht mehr nötig zu opfern.[144] Wir brauchen keinen Priester mehr: „Denn es ist ein Gott und ein Mittler zwischen Gott und den Menschen, nämlich der Mensch Christus Jesus, der sich selbst gegeben hat als Lösegeld für alle."[145] Das Neue Testament sagt, dass nur Jesus der Mittler zwischen uns und Gott ist. Es gibt auch keine besonderen heiligen Orte mehr, wo wir hin pilgern müssten.

Die bisherigen Gedanken zeigen wieder, dass Jesus für uns gekommen ist und sein Erscheinen kein Zufall war. Es war von langer Hand geplant. Darum sagte Johannes der Täufer über Jesus: „Seht her! Da ist das Lamm Gottes, das die Sünde der Welt wegnimmt!"[146]

---

[142] Der Tempel ersetzte das Zelt. Um 900 v. Chr. hat man in der Regierungszeit von Salomo einen Tempel errichtet. Dieser wurde 587 v. Chr. von Nebukadnezar zerstört. 515 v. Chr. wurde ein neuer Tempel errichtet. König Herodes der Große ersetzte diesen mit einem aufwendigen Neubau, wobei die Grundmaße des Heiligen und Allerheiligsten gleich blieben.
[143] Matthäus 27,51
[144] Hebräer 10,11-18
[145] 1.Timotheus 2,5.6 (LUT)
[146] Johannes 1,29 (NLB)

DER ZEITPUNKT

Wie bedeutend das Auftreten und der Tod Jesu ist, wird durch die Prophetie der Bibel betont. Würde es Sie bestärken, an Jesus zu glauben, wenn es eine Vorhersage gäbe, die auf das Jahr genau sein Auftreten und seinen Tod ankündigt? Dann habe ich eine gute Nachricht. Diese Prophezeiung gibt es und ihre Erfüllung ist eines der Wunder, das ich hier erwähnen will. Jesus sagt, wenn wir den Propheten Daniel lesen, dann sollen wir besonders aufmerksam sein auf das, was dort steht.[147] Die folgende Vorhersage beim Propheten Daniel, der im 6. Jh. v. Chr. lebte, stärkt das Vertrauen zu Jesus und seiner Erlösung für uns. Darin wird beschrieben, dass nach einem gewissen Zeitraum der Messias getötet wird und die Opfer des Alten Testaments abgeschafft werden.

Im Jahr 539 v. Chr. hat Daniel vorhergesagt: „Siebzig Wochen sind verhängt über dein Volk und über deine heilige Stadt; dann wird … die Schuld gesühnt, und es wird ewige Gerechtigkeit gebracht und Gesicht und Weissagung erfüllt und das Allerheiligste gesalbt werden … bis ein Gesalbter, ein Fürst kommt, sind es sieben und zweiundsechzig Wochen … und nach den zwei-

---

[147] Matthäus 24,15

undsechzig Wochen wird ein Gesalbter ausgerottet werden … und in der Mitte der Woche wird er Schlachtopfer und Speisopfer abschaffen."[148]

Dass sich dieser Text inhaltlich nur auf Jesus beziehen kann, zeigt folgende Zusammenfassung:

1. Die Schuld wird gesühnt.
2. Ewige Gerechtigkeit wird gebracht.
3. Der Messias wird getötet.
4. Die Opfer werden beendet.

All das hat sich durch den Tod Jesu erfüllt, denn durch sein Sterben am Kreuz hat er die Schuld der Menschheit auf sich genommen und hat uns dadurch eine ewige Gerechtigkeit gebracht. Damit sind die Opferrituale, die ein Hinweis auf Jesus waren, abgeschafft worden. Denn Jesus ist das wahre Opfer für die Schuld der Welt.

Aber auch zeitlich weist der Text genau in die Zeit von Jesus Christus. Hier muss man einige symbolische Zahlen der Bibel verstehen. In vielen Bibelübersetzungen, so wie in der Lutherbibel, wird in den Fußnoten angegeben, dass es sich bei den 70 Wochen um Jahrwochen (jede Woche sind 7 Jahre) handelt. Es kommt im Rahmen

---

[148] Daniel 9,24-27 (LUT)

von symbolischen Beschreibungen immer wieder vor, dass mit den Tagen Jahre gemeint sind.[149] Die 70 Wochen (490 Tage) sind nach dem biblischen Jahr-Tag-Prinzip 490 Jahre. Die 490 Jahre reichen von einem bestimmten Zeitpunkt bis zum Messias. Es wird ein Befehl zur Wiederherstellung und zum Aufbau Jerusalems als Anfang der 490 Jahre genannt. Dazu muss man wissen, dass zur Zeit dieser Vorhersage Jerusalem zerstört war. Die Stadt sollte durch einen bestimmten Befehl wieder aufgebaut werden.

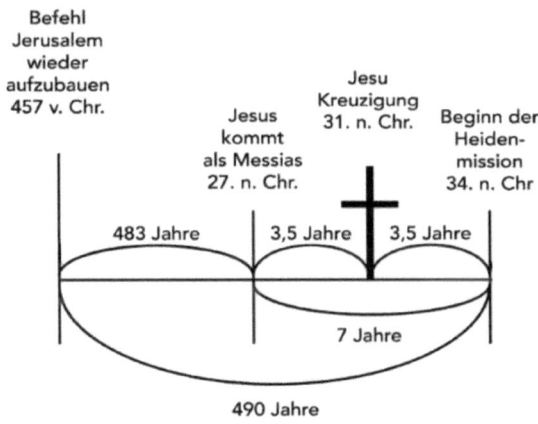

149 Hesekiel 4,6; Hesekiel musste bei einer symbolischen Handlung ein Jahr mit einem Tag darstellen. Grafik: dasgeheimnis.de

Das hat sich durch das Schreiben des persischen Königs Artaxerxes I. erfüllt, der diesen Befehl für den Aufbau von Jerusalem 457 v. Chr. gegeben hat.[150] Wenn wir also von 457 v. Chr. an 490 Jahre addieren, kommen wir in das Jahre 34 n. Chr. (ein Jahr Null gibt es nicht).

Daniel sagt vorher, dass der Messias in den letzten sieben Jahren wirken wird. Er tritt am Beginn der letzten „Woche" auf, das ist das Jahr 27. n. Chr., und in der Mitte dieser sieben Jahre, nach 3 ½ Jahren, wird er als „das Lamm Gottes" getötet und damit die Opferrituale abschaffen. Historiker sagen, dass Jesus entweder 30 oder 31 n. Chr. gekreuzigt wurde. Ausgehend von 457 v. Chr. kommen wir in das Jahr 31. n. Chr. als das Todesjahr des Messias.[151]

A.T. Pierson meint: „Es gäbe keinen ehrlichen Ungläubigen in der Welt, wenn messianische Prophetie studiert würde."[152] Der Rabbiner Simone Luzzatto († 1663 in Venedig) hat zugegeben, dass eine tiefere Beschäftigung jüdischer Gelehrter mit der Vorhersage über das Kommen des Messias dazu führen würde, dass sie Christen würden, denn nach den Zeitangaben im Buch Daniel müsste

---

[150] Wikipedia: 5._Jahrhundert_v._Chr. oder Artaxerxes I.
[151] Siehe Grafik: S.119
[152] Hans Heinz, Zeichen, Zeiten und Regenten, Wegweiser Verlag, Wien, 1981, S.179

der Messias schon längst gekommen sein.[153] Obwohl andere philosophische und religiöse Strömungen (Sokrates, Plato, Konfuzius und Buddha[154]) schon eine Ahnung davon hatten, dass ein Retter kommen würde, gibt es nur die biblischen Propheten, die genaue Details über ihn berichten. Jesus konnte sagen: „Mose hat von mir geschrieben"[155] und „es muss alles erfüllt werden, was von mir geschrieben steht im Gesetz des Mose und in den Propheten und Psalmen."[156]

Wenn wir die Bibel lesen, erkennen wir, dass es vor allem um Jesus Christus geht: „Ihr forscht doch in den Heiligen Schriften und seid überzeugt, in ihnen das ewige Leben zu finden – und gerade sie weisen auf mich hin."[157] Jesus selbst weist mit dieser Aussage auf seine zentrale Bedeutung hin. Die Bibel mit ihren 66 Büchern kann als Wunderwerk bezeichnet werden. Darin geht es um Jesus, der in den Mittelpunkt gestellt wird, weil er für uns gekommen und gestorben ist. Paulus sagt über das Kommen Jesu: „Als aber die Zeit gekommen war, sandte Gott seinen Sohn."[158] Dieser Zeitpunkt wurde im

---

[153] Ebenda, S.181
[154] Ebenda, S.181f
[155] Johannes 5,46 (LUT)
[156] Lukas 24,44 (LUT)
[157] Johannes 5,39 (GNB)
[158] Galater 4,4 (GNB)

Buch Daniel vorhergesagt und hat sich im öffentlichen Auftreten und in seinem Tod auf das Jahr genau erfüllt. Wir haben damit einen Hinweis, dass der Tod Jesu für uns wichtig ist und wir Gott vertrauen können.

Wir können ein Gebet sprechen, wenn wir die Erlösung durch Jesus Christus annehmen wollen: „Lieber Gott, danke für die Erlösung durch den Tod von Jesus Christus. Ich bitte dich um Vergebung meiner Schuld und nehme diese Erlösung für mich persönlich an. Ich will mein Leben dir anvertrauen und danke dir, dass ich bei dir angenommen bin. Auf deine Führung und deine Worte in der Bibel will ich mich verlassen. Danke, für das ewige Leben. Amen!"

ER WURDE MENSCH

Jesus sagte: „Ich bin der Weg, die Wahrheit und das Leben. Niemand kommt zum Vater außer durch mich. Wenn ihr erkannt habt, wer ich bin, dann habt ihr auch erkannt, wer mein Vater ist. Doch von nun an kennt ihr ihn und habt ihn gesehen!« Philippus sagte: »Herr, zeig uns den Vater, dann sind wir zufrieden.« Jesus erwiderte: »Philippus, weißt du denn nach all der Zeit, die ich bei euch war, noch immer nicht, wer ich bin? Wer mich gesehen hat, hat den Vater gesehen! Warum verlangst du noch, ihn zu sehen?[159] Jesus macht seinem Jünger Philippus klar, dass wer ihn kennen lernt, auch Gott begegnet. Damit kann uns Jesus helfen Gott besser zu verstehen. Was ist für Gott wichtig? Was lehnt er ab? Wie ist Gott? Diese Fragen sind durch Jesus am besten zu beantworten.

Jesus hat immer wieder überraschende Aussagen gemacht, die gängige Vorstellungen infrage gestellt haben. Das Streben nach Macht und Ehre war bei den zwölf Aposteln immer wieder spürbar. Sie stritten, wer der Wichtigste und Höhere in der Rangordnung sei. Einer wollte über dem anderen stehen. Die Machtgelüste griff

---

[159] Johannes 14,6-9 (NLB)

Jesus auf und erteilte ihnen eine visuelle Lektion: „Jesus fragte sie: »Worüber habt ihr unterwegs gesprochen?« Sie schwiegen, denn sie hatten darüber geredet, wer von ihnen wohl der Wichtigste sei. Da setzte er sich hin, rief die zwölf Jünger zu sich und sagte zu ihnen: »Wenn jemand der Erste sein will, muss er den letzten Platz einnehmen und allen dienen.« Dann stellte er ein kleines Kind in ihre Mitte, nahm es in die Arme und sagte zu ihnen: »Wer solch ein kleines Kind um meinetwillen aufnimmt, nimmt mich auf, und wer mich aufnimmt, nimmt meinen Vater auf, der mich gesandt hat.«[160]

Hier wird deutlich, dass für Jesus die Bereitschaft zu dienen ein wesentlicher Wert ist, anstatt nach Macht und Ehre zu streben. Damals waren Kinder unbedeutend, weil sie noch keinen wirtschaftlichen Nutzen brachten. Jesus wertete die Kinder auf, indem er sie in seine Arme nahm und sie segnete. Markus berichtet weiter: „Eines Tages brachten einige Eltern ihre Kinder zu Jesus, damit er sie berühren und segnen sollte. Doch die Jünger wiesen sie ab. Als Jesus das sah, war er sehr verärgert über seine Jünger und sagte zu ihnen: »Lasst die Kinder zu mir kommen. Hindert sie nicht daran! Denn das Reich Gottes gehört Menschen wie ihnen. Ich versichere euch: Wer nicht solchen Glauben hat wie sie, kommt nicht ins

---

[160] Markus 9,33-37 (LUT)

Reich Gottes.« Dann nahm er die Kinder in die Arme, legte ihnen die Hände auf den Kopf und segnete sie."[161]

Jesus erteilte auch der Intoleranz, der Selbstgerechtigkeit, der Gehässigkeit und der Heuchelei eine Absage. Er fand scharfe Worte für jene, die mit ihren religiösen Traditionen den Sinn der Gebote Gottes entstellten. Er wollte einen freiwilligen Glauben. Er wandte sich den Verachteten zu und gab jedem Menschen, der sich falsch verhalten hatte, eine Chance. Er wandte sich gegen Unterdrückung und Ausbeutung von Menschen. Sein Umgang mit Frauen war wertschätzend und ermutigend. Viele Frauen haben Jesus und seine Jünger mit Nahrung und Geld unterstützt.

Wer Jesus begegnete, fühlte sich von ihm angezogen und auch herausgefordert. Es ging Jesus nicht um festgefahrene Traditionen, sondern um eine persönliche und wahrhaftige Beziehung zu Gott. Jesus hat immer wieder eingeladen, zu ihm zu kommen und mit ihm verbunden zu bleiben: „Kommt alle her zu mir, die ihr müde seid und schwere Lasten tragt, ich will euch Ruhe schenken. Nehmt mein Joch auf euch. Ich will euch lehren, denn ich bin demütig und freundlich, und eure Seele wird bei mir zur Ruhe kommen. Denn mein Joch

---

161 Markus 10,13-16 (NLB)

passt euch genau, und die Last, die ich euch auflege, ist leicht."[162] Jesus sagte auch, wer zu ihm kommt, den wird er nicht zurückweisen.[163] Er kann die Bedürfnisse der Seele stillen, wenn wir den Sinn und das Ziel des Lebens bei ihm finden: „Wer an mich glaubt, wird nie wieder Durst haben."[164] Seine Einladung an uns heute lautet wie damals: „Bleibt in mir, und ich werde in euch bleiben."[165] In dieser Beziehung zu ihm werden wir ihn und damit auch Gott besser kennenlernen: „Wer meine Gebote kennt und sie befolgt, der liebt mich. Und weil er mich liebt, wird mein Vater ihn lieben und ich werde ihn lieben. Und ich werde mich ihm persönlich zu erkennen geben."[166] Mit Jesus lernen wir den Gott und den Schöpfer der Welt kennen. Wir machen damit den wichtigsten Schritt in unserem Leben. Denn wenn wir mit Gott verbunden sind, haben wir eine Geborgenheit, die uns durch alle Höhen und Tiefen des Lebens trägt.

Dieser Segen und Beistand Gottes wird im Psalm 23 sehr schön ausgedrückt: „Der HERR ist mein Hirte, nichts wird mir fehlen. Er weidet mich auf saftigen Wiesen und führt mich zu frischen Quellen. Er gibt mir neue Kraft.

---

[162] Matthäus 11,28-30 (NLB)
[163] Johannes 6,37 (NLB)
[164] Johannes 6,35 (NLB)
[165] Johannes 15,4 (NLB)
[166] Johannes 14,21(NLB)

Er leitet mich auf sicheren Wegen und macht seinem Namen damit alle Ehre. Auch wenn es durch dunkle Täler geht, fürchte ich kein Unglück, denn du, HERR, bist bei mir. Dein Hirtenstab gibt mir Schutz und Trost. Du lädst mich ein und deckst mir den Tisch vor den Augen meiner Feinde. Du begrüßt mich wie ein Hausherr seinen Gast und füllst meinen Becher bis zum Rand. Deine Güte und Liebe begleiten mich Tag für Tag; in deinem Haus darf ich bleiben mein Leben lang."[167]

Jesus sagt: „Ich bin der gute Hirte! Der gute Hirte lässt sein Leben für die Schafe."[168] Gott wurde Mensch und hat für uns sein Leben hingegeben. Er ist der Hirte, der den Tod auf sich genommen hat, damit seine Herde gerettet wird. Damit erfahren wir etwas sehr Wichtiges über Gott. Er gibt, damit wir leben können.

[167] Psalm 23 (HFA)
[168] Johannes 10,11 (LUT)

DIE HEILUNG

Wilhelm Buntz[169] wurde am 9. September 1954 in Ulm an der Donau geboren. Als Baby wurde er von der Mutter ausgesetzt. Nachdem er unterernährt und verwahrlost gefunden wurde, stellten die Ärzte fest, dass er sein ganzes Leben geistig behindert sein würde. Der kleine Wilhelm wurde zwar wieder zu seinen Eltern zurückgebracht, die kamen aber mit ihm nicht zurecht. Im Laufe seiner Kindheit war er in verschiedensten Erziehungsheimen, aus denen er immer wieder flüchtete. Auf die Frage hin, was er werden wollte, antwortete er: „Gangster!" Und sein Wunsch sollte sich erfüllen.

Wilhelm begann schon in jungen Jahren eine kriminelle Karriere: Autodiebstähle, Waffenverkauf und Totschlag. Ständig war er auf der Flucht. In Hamburg wurde er erkannt und lieferte sich mit der Polizei ein Schussgefecht. Er wurde wegen 148 Straftaten zu 14 Jahren Haft mit anschließender Sicherheitsverwahrung verurteilt. Wilhelm Buntz würde demnach nie das Gefängnis verlassen können. In der Haftanstalt fand er sich schnell zurecht. Es war für ihn kein Problem Tabak in die Arrestzelle im Bruchsaler Gefängnis zu schmuggeln, aber er hatte kein

---

[169] Wilhelm Buntz, Der Bibelraucher, SCM Hänssler, 9. Edition, 2021

Zigarettenpapier. Da kam ihm eine Idee. Er besuchte den Pfarrer und täuschte ihm vor, dass er die Bibel lesen wollte, doch es ging ihm nur um das dünne Papier. Als Buntz die ersten Seiten aus der Bibel riss, dachte er sich, er könne sie zuerst lesen, Zeit habe er ja genug. So las er die Vorder- und Rückseite des ersten Blattes. Dann zerteilte er das Blatt in vier Teile und hatte damit für vier Zigaretten Papier. Zu Beginn dachte er: „Gott gibt es sowieso nicht!" Doch nach einigen Monaten fragte er sich: „Gibt es ihn doch?" Schließlich redete er mit Gott und fragte ihn: „Gibt es dich?" Innerhalb von sechs Jahren hatte er das ganze Alte Testament gelesen und „geraucht". Ihm wurde immer mehr bewusst, dass Gott geduldig und liebevoll sein muss. Am 12. September 1983 entschied er sich, Gott sein Leben anzuvertrauen.

Als er das Neue Testament las, wurde ihm schmerzlich bewusst, dass er die Straftaten bekennen sollte, die ihm nicht nachgewiesen werden konnten. Obwohl Buntz damit riskierte nicht entlassen zu werden, schrieb er dem Staatsanwalt einen Brief, in dem er seine anderen Straftaten offenlegte. Er wusste nicht, was nun mit ihm geschehen würde. Aufgrund von Verjährung stellte der Staatsanwalt alle Verfahren ein und er kam frei. Den Justizbeamten musste klar geworden sein, dass eine Sicherheitsverwahrung nicht mehr nötig war. Wilhelm Buntz war ein neuer Mensch geworden. Nach seiner Entlassung fand er ohne Probleme Arbeit. Er entschuldigte sich persönlich bei allen Menschen, denen er Leid und Schaden zugefügt hatte. Dabei erlebte er wunderschöne Momente der Vergebung und Befreiung von der Last der Vergangenheit. Auf die Frage, was er heute dem kleinen Wilhelm sagen würde, antwortete er, dass er ihm nicht viel sagen würde. Er würde ihn in den Arm nehmen und ihm sagen, dass er ihn liebt, so wie er ist.

Dieser ehemalige Kriminelle war ein neuer Mensch geworden, den Gott durch die Bibel angesprochen und verändert hatte.[170] Buntz arbeitete bis zu seiner Rente im Oktober 2017 in einem Blindenheim in Freiburg als Betreuer. Er ist verheiratet und Vater von zwei Söhnen.

Es gibt kein Buch, das so viele Menschen berührt und verändert hat wie die Bibel. Warum ist das so? Weil in ihr grundlegende Fragen beantwortet werden und uns bewusst wird, dass es sich hier um Aussagen handelt, die wahr und wichtig sind. Der Apostel Petrus betont, dass die Texte der Bibel durch Gottes Wirken entstanden

---

[170] Wie Gott im Leben von Menschen wirkt, kann man auch in der Sendereihe „ERF MenschGott" sehen. Wenn man an weiteren Erfahrungen mit Gott und christliche Themen Interesse hat, kann ich folgende Sender empfehlen: erf.de und hopetv.de

sind: „Vorher aber sollt ihr begreifen, dass die propheti-schen Worte der Schrift niemals von den Propheten selbst stammten... Es war der Heilige Geist, der die Pro-pheten dazu trieb, von Gott zu sprechen."[171] Und auch Paulus bekräftigt dies: „Die ganze Schrift ist von Gottes Geist eingegeben und kann uns lehren, was wahr ist, und uns erkennen lassen, wo Schuld in unserem Leben ist. Sie weist uns zurecht und erzieht uns dazu, Gottes Willen zu tun. Durch die Schrift bereitet Gott uns umfas-send vor und rüstet uns aus für alles, was wir nach sei-nem Willen tun sollen."[172]

Die Kraft der Gedanken der Bibel kann jeder erleben, der sich darauf einlässt. Das folgende Kapitel zeigt, wie Gott durch die Bibel in unser Leben spricht. Viele Schätze sind im folgenden Abschnitt zusammengetragen wor-den. Lesen Sie diese Worte und denken Sie darüber nach. Lassen Sie diese Gedanken in Ihrem Herzen und in Ihrem Alltag wirken, dann werden sie die Kraft des Wortes Gottes spüren.

---

[171] 2.Petrus 1,20.21 (NLB)
[172] 2.Timotheus 3,16.17 (NLB)

GEDANKEN, DIE KRAFT GEBEN

Die Bibel spricht fast alle Situationen an, die wir Menschen erleben. Hier sollen einige Gedanken daraus vorgestellt werden. Diese Bibelstellen dürfen wir auf unser Leben anwenden und sie als Zusagen Gottes für uns persönlich annehmen.

Wenn mich Sorgen plagen:
„Hört auf, euch Sorgen zu machen um euer Essen und Trinken oder um eure Kleidung. Warum wollt ihr leben wie die Menschen, die Gott nicht kennen und diese Dinge so wichtig nehmen? Euer himmlischer Vater kennt eure Bedürfnisse. Wenn ihr für ihn lebt und das Reich Gottes zu eurem wichtigsten Anliegen macht, wird er euch jeden Tag geben, was ihr braucht. Deshalb sorgt euch nicht um morgen, denn jeder Tag bringt seine eigenen Belastungen. Die Sorgen von heute sind für heute genug."[173]

„Überlasst all eure Sorgen Gott, denn er sorgt sich um alles, was euch betrifft!"[174]

---

[173] Matthäus 6,31-34 (NLB)
[174] 1.Petrus 5,7 (NLB)

Wenn ich eine Beziehungskrise erlebe:

„Vergib uns unsere Schuld, wie auch wir denen vergeben haben, die an uns schuldig geworden sind."[175]

„Versündigt euch nicht, wenn ihr in Zorn geratet! Versöhnt euch wieder und lasst die Sonne nicht über eurem Zorn untergehen."[176]

Wenn ich mich fürchte:

„Fürchte dich nicht, denn ich bin bei dir. Sieh dich nicht ängstlich nach Hilfe um, denn ich bin dein Gott: Meine Entscheidung für dich steht fest, ich helfe dir. Ich unterstütze dich, indem ich mit meiner siegreichen Hand Gerechtigkeit übe."[177]

„Habe ich dir nicht geboten: Sei getrost und unverzagt? Lass dir nicht grauen und entsetze dich nicht; denn der HERR, dein Gott, ist mit dir in allem, was du tun wirst."[178]

---

[175] Matthäus 6,12 (NLB)
[176] Epheser 4,26 (GNB)
[177] Jesaja 41,10 (NLB)
[178] Josua 1,9 (LUT)

Wenn ich finanzielle Probleme habe:

„Wirf dein Anliegen auf den Herrn, der wird dich versorgen und wird den Gerechten in Ewigkeit nicht wanken lassen."[179]

„Wo man arbeitet, da ist Gewinn; wo man aber nur mit Worten umgeht, da ist Mangel."[180]

„Vertraue auf den Herrn und tue Gutes, dann wirst du im Lande sicher leben, und es wird dir gut gehen. Freu dich am Herrn, und er wird dir geben, was dein Herz wünscht."[181]

Wenn ich eine innere Leere spüre:

„Wer von diesem Wasser trinkt, wird wieder durstig werden, wer aber von dem Wasser trinkt, das ich ihm gebe, wird in Ewigkeit keinen Durst mehr haben."[182]

„Ich bin das Brot des Lebens", sagte Jesus zu ihnen. „Wer zu mir kommt, wird niemals wieder hungrig sein, und wer an mich glaubt, wird niemals wieder Durst haben."[183]

---

[179] Psalm 55,23 (LUT)
[180] Sprüche 14,23 (LUT)
[181] Psalm 37,3.4 (NLB)
[182] Johannes 4,13.14 (NLB)
[183] Johannes 6,35 (NLB)

Wenn ich mich nach innerem Frieden sehne:

„Euren Frieden lasse ich euch, meinen Frieden gebe ich euch. Nicht gebe ich euch, wie die Welt gibt."[184]

„Dies habe ich mit euch geredet, damit ihr in mir Frieden habt."[185]

„Ich will mich in Frieden hinlegen und schlafen, denn du allein, Herr, gibst mir Geborgenheit."[186]

Wenn ich Weisheit für Entscheidungen brauche:

„Ich will dich unterweisen und dir den Weg zeigen, den du gehen sollst; ich will dich mit meinen Augen leiten."[187]

„Hab keine Angst und verliere nicht den Mut, denn der Herr selbst wird vor dir hergehen. Er wird bei dir sein. Er wird sich nicht von dir zurückziehen und dich nicht im Stich lassen!"[188]

---

[184] Johannes 14,27 (LUT)
[185] Johannes 16,33 (LUT)
[186] Psalm 4,9 (NLB)
[187] Psalm 32,8 (LUT)
[188] 5.Mose 31,8 (NLB)

„Befiehl dem Herrn deine Wege und hoffe auf ihn, er wird es wohlmachen."[189]

Wenn ich von Menschen verletzt wurde:
„Was kann man dazu noch sagen? Wenn Gott für uns ist, wer kann da noch gegen uns sein?"[190]

„Seid nachsichtig mit den Fehlern der anderen und vergebt denen, die euch gekränkt haben. Vergesst nicht, dass der Herr euch vergeben hat und dass ihr deshalb auch anderen vergeben müsst."[191]

„Liebe Freunde, rächt euch niemals selbst, sondern überlasst die Rache dem Zorn Gottes. Denn es steht geschrieben: »Ich allein will Rache nehmen; ich will das Unrecht vergelten«, spricht der Herr."[192]

Wenn mich mein Gewissen plagt:
„Gott, sei mir gnädig um deiner Gnade willen und vergib mir meine Sünden nach deiner großen Barmherzigkeit. Wasche mich rein von meiner Schuld und reinige mich von meiner Sünde. Denn ich bekenne meine Sünde, die mich Tag und Nacht verfolgt. Gegen dich

---

[189] Psalm 37,5 (LUT)
[190] Römer 8,31 (NLB)
[191] Kolosser 3,13 (NLB)
[192] Römer 12,19 (NLB)

allein habe ich gesündigt und getan, was in deinen Augen böse ist. Darum wirst du recht behalten mit dem, was du sagst, und dein Urteil über mich ist gerecht. Denn ich war ein Sünder - von dem Augenblick an, da meine Mutter mich empfing. Dir gefällt ein Herz, das wahrhaftig ist; und im Verborgenen lehrst du mich deine Weisheit. Wasche von mir ab meine Sünden, und ich werde ganz rein werden; wasche mich, und ich werde weißer sein als Schnee. Gib mir meine Freude zurück und lass mich wieder fröhlich werden, denn du hast mich zerbrochen. Sieh meine Sünde nicht mehr an und vergib mir meine Schuld. Gott, erschaffe in mir ein reines Herz und gib mir einen neuen, aufrichtigen Geist. Verstoße mich nicht aus deiner Gegenwart und nimm deinen Heiligen Geist nicht von mir. Lass mich durch deine Hilfe wieder Freude erfahren und mach mich bereit, dir zu gehorchen."[193]

„Denn Gott hat die Welt so sehr geliebt, dass er seinen einzigen Sohn hingab, damit jeder, der an ihn glaubt, nicht verloren geht, sondern das ewige Leben hat. Gott sandte seinen Sohn nicht in die Welt, um sie zu verurteilen, sondern um sie durch seinen Sohn zu retten."[194]

---

[193] Psalm 51,3-14 (NLB)
[194] Johannes 3,16 (NLB)

„Wenn wir sagen, wir seien ohne Schuld, betrügen wir uns selbst und die Wahrheit ist nicht in uns. Doch wenn wir ihm unsere Sünden bekennen, ist er treu und gerecht, dass er uns vergibt und uns von allem Bösen reinigt."[195]

Wenn ich keine Hoffnung mehr habe:

„Denn ich weiß genau, welche Pläne ich für euch gefasst habe', spricht der Herr. `Mein Plan ist, euch Heil zu geben und kein Leid. Ich gebe euch Zukunft und Hoffnung."[196]

„Deshalb bete ich, dass Gott, der euch Hoffnung gibt, euch in eurem Glauben mit Freude und Frieden erfüllt, sodass eure Hoffnung immer größer wird durch die Kraft des Heiligen Geistes."[197]

„Wir sind nicht mehr als Schatten, und all unsre Geschäftigkeit führt zu nichts. Wir häufen Reichtum an, den ein anderer ausgeben wird. Worauf kann ich jetzt noch hoffen, Herr? Meine einzige Hoffnung bist du."[198]

---

[195] 1.Johannes 1,8.9 (NLB)
[196] Jeremia 29,11 (NLB)
[197] Römer 15,13 (NLB)
[198] Psalm 39,7.8 (NLB)

„Ich will fest auf Gott vertrauen, denn er ist meine Hoffnung. Er ist mein Fels und meine Hilfe, meine Burg, in der mir nichts geschehen kann. Meine Rettung und meine Ehre kommen allein von Gott. Er ist meine Zuflucht, ein sicherer Fels, auf dem kein Feind mich erreicht."[199]

Wenn mich Krankheit beunruhigt:
„Rufe mich an in der Not, so will ich dich erretten, und du sollst mich preisen."[200]

„Der Herr hört sein Volk, wenn es ihn um Hilfe anfleht, und rettet es aus aller Not. Der Herr ist allen nahe, die verzweifelt sind; er rettet die, die den Mut verloren haben. Wer auf den Herrn vertraut, erleidet zwar vieles, doch der Herr errettet ihn aus aller Not."[201]

„Wen habe ich im Himmel außer dir? Du bist mir wichtiger als alles andere auf der Erde. Bin ich auch krank und völlig geschwächt, bleibt Gott der Trost meines Herzens, er gehört mir für immer und ewig."[202]

---

[199] Psalm 62,6-8 (NLB)
[200] Psalm 50,15 (LUT)
[201] Psalm 34,18-20 (NLB)
[202] Psalm 73,25.26 (NLB)

Wenn ich mich kraftlos fühle:

„Aber die auf den HERRN harren, kriegen neue Kraft, dass sie auffahren mit Flügeln wie Adler, dass sie laufen und nicht matt werden, dass sie wandeln und nicht müde werden."[203]

„Dann sagte Jesus: »Kommt alle her zu mir, die ihr müde seid und schwere Lasten tragt, ich will euch Ruhe schenken. Nehmt mein Joch auf euch. Ich will euch lehren, denn ich bin demütig und freundlich, und eure Seele wird bei mir zur Ruhe kommen. Denn mein Joch passt euch genau, und die Last, die ich euch auflege, ist leicht."[204]

Wenn ich mir überlege, wie ich mit meinen Mitmenschen umgehen soll:

„Alles nun, was ihr wollt, dass euch die Leute tun sollen, das tut ihr ihnen auch! Das ist das Gesetz und die Propheten."[205]

---

[203] Jesaja 40,31 (LUT
[204] Matthäus 11,28.29 (NLB)
[205] Matthäus 7,12 (NLB)

GLAUBWÜRDIG

Die Bibel ist in einem Zeitraum von rund 1600 Jahren (1450 v. Chr. – 100 n. Chr.) entstanden und hat, obwohl von mindestens 40 Personen verfasst, eine einheitliche Botschaft: Gott ist der Schöpfer und der Erlöser der Menschen. Das Alte Testament besteht aus Geschichts-, Lehr- und Prophetenbüchern. Das Neue Testament enthält die vier Evangelien, die Apostelgeschichte, die Briefe der Apostel und die Offenbarung. Trotz der langen Entstehungszeit finden wir in der Bibel keine weltanschaulichen Widersprüche.

Die Bibel besteht aus 39 Büchern des Alten Testaments, die in der Zeit zwischen 1450 und 400 v. Chr. geschrieben wurden und den 27 Büchern des Neuen Testaments, die zwischen 50 und 100 n. Chr. entstanden sind. Bezüglich des Alten Testaments wurde auf zwei jüdischen Synoden um 69 und 90 n. Chr. entschieden, dass die bislang anerkannten hebräischen Bücher (Tora, Propheten, Schriften) als Wort Gottes gelten sollten.[206]

---

[206] Die später verfassten Apokryphen (2. Jh. v. Chr.) wurden als religiöse Erbauungsliteratur, aber nicht als von Gott inspiriert eingestuft. (Jerusalemer Bibellexikon, S. 476 und 479; Wikipedia: Masoreten, Tanach)

Wir haben aktuell rund 6000 hebräische Handschriften (handgeschriebene Manuskripte) des Alten Testaments. Die 39 Bücher wurden von jüdischen Gelehrten sehr genau kopiert. Dies wurde durch die Funde der berühmten hebräischen Manuskripte vom Toten Meer 1947 bestätigt. In den bekannten Höhlen von Qumran fand man Schriftrollen, die ungefähr in der Zeit um 200 v. Chr. verfasst wurden.[207] Ein Vergleich mit hebräischen Manuskripten aus dem 10. Jh. n. Chr. verblüffte die Fachwelt aufgrund der getreuen Wiedergabe des Textes. Das Alte Testament wurde schon ab 400 v. Chr. in die aramäische, samaritanische und ab etwa 250 v. Chr. in die griechische Sprache übersetzt. Die zahlreichen Handschriften des Alten Testaments ermöglichen eine zuverlässige Wiedergabe der Bibel.

Die 27 Bücher des Neuen Testaments wurden Teil der Bibel, weil sie ein anerkannter Apostel oder ein Weggefährte der ersten christlichen Missionare geschrieben hatte. Auf mehreren Konferenzen wurden in Abgrenz-

---

[207] 15.000 Fragmente von 850 Schriftrollen aus dem Zeitraum von 250. v. Chr. bis 40 n. Chr. Darunter 207 Texte des Alten Testaments mit allen Büchern außer Esther und Haggai. Die aus der Zeit um 200 v. Chr. stammende Große Jesajarolle gibt auf 7,34 Metern nahezu lückenlos den Text des Prophetenbuchs Jesaja wieder. Er deckt sich bis auf wenige unbedeutende Abweichungen mit der bis dahin ältesten vollständigen Bibelhandschrift, dem Codex Leningradensis von 1008 n. Chr. (siehe Wikipedia)

ung zu später entstandenen Schriften, die bereits anerkannten Bücher nochmals bestätigt.[208] Vom griechischen
Text des Neuen Testaments liegen derzeit rund 5400
Handschriften vor, davon stammen viele aus dem 2.-4.
Jh. n. Chr.[209] Dazu kommen noch über 9000 Übersetzun-
gen (lateinisch, syrisch, koptisch etc.) und 36.000 Bibelzi-
tate in den Schriften der Kirchenväter aus den ersten
Jahrhunderten n. Chr. Von keinem Werk der Antike sind
so zahlreiche Kopien erhalten.[210] Deshalb konnte die Bibel nicht verfälscht werden, weil einfach zu viele und
sehr alte Handschriften vorliegen.

Die Bibel beginnt mit der Schöpfung der Welt: „Am Anfang schuf Gott den Himmel und die Erde."[211] Und sie
endet mit der Neuschöpfung: „Ich sah einen neuen Himmel und eine neue Erde."[212] Dazwischen beschreibt sie
die Trennung des Menschen von Gott, die zur Sterblich-
keit von Mensch und Natur führte. Doch der Schöpfer
warb immer wieder um das Vertrauen. Er liebte die Welt

---

[208] Synoden von Hippo 393 und Karthago 379 und 419 n. Chr. (Paret
Oscar, Die Überlieferung der Bibel, Württembergische Bibelanstalt,
Stuttgart, 1966, S.67)
[209] Papyri des Neuen Testaments (Wikipedia); Siehe auch:
Codex Sinaiticus (um 350 n. Chr.), Codex Alexandrinus (um 400 n.
Chr.), Codex Vaticanus (um 325-350 n. Chr.)
[210] bibelausstellung.de
[211] 1.Mose 1,1 (NLB)
[212] Offenbarung 21,1 (LUT)

so sehr, dass er bereit war seinen Sohn zu senden. Sein Ziel ist, dass wir in einer Welt leben, in der es kein Leid, keine Schuld und keinen Tod mehr gibt. Damit schließt sich thematisch der Kreis und jeder, der Gott vertraut und mit ihm in Gemeinschaft leben will, erhält das verloren gegangene Paradies.

Die Bibel ist das am meisten aufgelegte und am weitesten verbreitete Buch aller Zeiten. Die ganze Bibel wurde aktuell in 704 Sprachen übersetzt und Teile davon gibt es in 3435 Sprachen. Dadurch können 96,4% der Weltbevölkerung ihre Botschaft lesen.[213] Es gibt zahlreiche Verlage und Institutionen, die es sich zum Ziel gesetzt haben, jedem Menschen zu ermöglichen, die Bibel in seiner eigenen Sprache zu lesen. Jesus betont, dass sich seine Worte über diesen Planeten ausbreiten würden: „Himmel und Erde werden vergehen, aber meine Worte werden nicht vergehen."[214] „Es wird gepredigt werden dies Evangelium vom Reich in der ganzen Welt."[215] Durch die weltweite Verbreitung der Heiligen Schrift erfüllte sich diese Vorhersage.

---

[213] Feb. 2021, die-bibel.de/spenden/weltbibelhilfe/zahlen-und-fakten
[214] Matthäus 24,35 (LUT)
[215] Matthäus 24,14a (LUT)

WOHER? WOZU? WOHIN?

Jesus sagt: „Ich bin gekommen, um der Welt die Wahrheit zu bringen."[216] Welche Wahrheit wollte Jesus vermitteln? Es ist wohl die Wahrheit über die grundlegenden Fragen des Lebens: Woher kommen wir? Wozu sind wir da? Wohin gehen wir?

Zur ersten Frage, woher wir kommen, betonte Jesus: „Der im Anfang den Menschen geschaffen hat, schuf sie als Mann und Frau."[217] Jesus bezieht sich hier auf den Schöpfungsbericht. Dort wird beschrieben wie Gott die Welt in sieben Tagen erschaffen hat. Wenn Gott das Universum im Bruchteil einer Sekunde entstehen lassen kann, warum sollte er dann die Welt nicht in sieben Tagen schaffen können? Was ist ein größeres Wunder – Blinde, Taube, Gelähmte zu heilen und Tote zum Leben zu erwecken oder die Welt in sieben Tagen zu schaffen? Jesus selbst ist der Schöpfer der Welt. „Er war in dieser Welt und die Welt ist durch ihn gemacht."[218] Deshalb weiß er, welchen Ursprung die Welt hat. Wir blicken nur mehr auf das fertige Produkt und interpretieren, wie es entstanden sein könnte, doch Jesus zeigt uns, dass wir

---

[216] Johannes 18,37 (NLB)
[217] Matthäus 19,4 (LUT)
[218] Johannes 1,10 (LUT)

geschaffen wurden – zum Bilde Gottes als „Mann und Frau ... und Gott sah an alles, was er gemacht hatte, und siehe, es war sehr gut."[219]

Und wozu sind wir in dieser Welt? Jesus wird einmal gefragt, was denn das wichtigste Gebot für das Leben sei. Er antwortet: "Du sollst den Herrn, deinen Gott, lieben von ganzem Herzen, von ganzer Seele und von ganzem Gemüt. Dies ist das höchste Gebot. Das andere aber ist dem gleich: Du sollst deinen Nächsten lieben wie dich selbst. In diesen beiden Geboten hängt das ganze Gesetz und die Propheten!"[220] Und damit beschreibt Jesus den Sinn des Lebens. Das Leben bekommt eine tiefe erfüllende Qualität, wenn wir uns für etwas oder für jemanden einsetzen. Nehmen wir an, wir wären finanziell vollständig abgesichert und müssten nicht mehr arbeiten. Wären wir glücklich? Nach den Worten Jesu nur dann, wenn wir Gott und die Menschen lieben und in einer dienenden Haltung leben. Jesus sagt: „Es liegt mehr Glück im Geben als im Nehmen."[221] Ein selbstbezogenes Leben ist der Ruin für die Psyche. Jesus zeigt uns den eigentlichen Sinn des Lebens und deutet damit gleichzeitig an, welcher Lebensstil im Himmel gelebt wird.

---

[219] 1.Mose 1,27.31 (LUT)
[220] Matthäus 22,37-40 (LUT)
[221] Apostelgeschichte 20,35 (HFA)

Kommen wir zur letzten Frage: Wohin gehen wir? Jesus sagte: „Glaubt an Gott und glaubt an mich!... ich will wiederkommen und euch zu mir nehmen, damit ihr seid, wo ich bin."[222] Damit zeigt Jesus, was er vorhat. Er will uns zu sich nehmen. Das ist sein Plan und daher zukünftige Realität. Er kam von seinem Vater zu uns und ermutigt uns, ihm zu vertrauen. Wenn er wiederkommt, will er uns das ewige Leben schenken. Dazu wird er eine neue Erde schaffen: „Ich sah einen neuen Himmel und eine neue Erde. ... Siehe, ich mache alles neu!"[223] Auch hier ist Jesus wieder der Schöpfer und der Beginn eines neuen Lebens ohne Leid, Schuld und Tod.

Jesus, der aus einer anderen Dimension in unsere Welt gekommen ist, kann die Fragen nach dem Woher, Wozu und Wohin beantworten. Es geht um eine Vertrauensbeziehung, die eine tragende Kraft in Ihrem Leben werden kann. Wenn Sie heute Ihr Leben Jesus anvertrauen wollen, dann können Sie zu ihm sagen: „Jesus, ich kenne dich noch nicht so gut, aber habe nun einiges von dir erfahren. Du bist der Schöpfer und zeigst mir das Wichtigste – den Ursprung, den Sinn und das Ziel des Lebens. Danke, dass du mich bei dir haben willst. Ich will dich besser kennenlernen. Amen!"

---

[222] Johannes 14,1-3 (LUT)
[223] Offenbarung 21,1-5 (LUT)

AUF IHN HÖREN

Ich lese seit über 40 Jahren fast täglich in der Bibel und obwohl ich sie schon mehrmals durchgelesen habe, wird es immer interessanter. Einige praktische Tipps zum Bibellesen möchte ich Ihnen weitergeben. Im deutschsprachigen Raum haben wir ein großes Angebot an Bibelübersetzungen. Ich kann die gut verständliche Übersetzung „Neues Leben" und die sehr am Grundtext orientierte „Übersetzung nach Martin Luther" empfehlen. Die Bibel kann man mit einem großen Puzzlebild vergleichen. Am Anfang, wenn man zu lesen beginnt, lernt man die einzelnen Puzzleteile kennen. Mit der Zeit fügt sich ein Abschnitt zum anderen hinzu und ergibt ein harmonisches Gesamtbild.

Die Lebensgeschichte von Jesus Christus ist der Dreh- und Angelpunkt der Bibel. Deshalb sollte man bei den vier Evangelien (Matthäus, Markus, Lukas und Johannes) beginnen. Durch die Evangelien wird einem das Zusammenwirken des Alten mit dem Neuen Testament bewusst. Anschließend kann man die Apostelgeschichte lesen und erleben, wie die ersten Christen nach der Auferstehung Jesu das Evangelium verbreitet haben. Danach können Sie die Briefe von Paulus, Petrus und Johannes, Jakobus und Judas lesen, die uns Einblick geben in die praktische Anwendung des Glaubens. Die Briefe sind Antwort auf viele Fragen und Probleme der Christen. Anschließend würde ich das erste und zweite Buch Mose empfehlen, denn hier werden große Zeiträume von der Schöpfung bis zum Volk Israel beschrieben. Ich würde danach die prophetischen Bücher Daniel und Offenbarung lesen, weil sie zeigen, dass Gott die Zukunft kennt und welches Ziel er mit uns hat. Wenn man das alles gelesen hat, lernt man den roten Faden der Bibel kennen. Es geht um den Schöpfer und Erlöser Jesus Christus.

Die anderen Teile der Bibel weisen in dieselbe Richtung und sollen auch gelesen werden. Die Botschaft der Bibel ist das Wort Gottes an uns. So schreibt Paulus: „Wir werden nie aufhören, Gott dafür zu danken, dass ihr seine Botschaft, die wir euch brachten, nicht für unsere eigenen Worte gehalten habt. Ihr habt sie als Gottes Wort aufgenommen - was sie ja auch wahrhaftig ist. Und dieses Wort wirkt weiter in euch allen, die ihr glaubt."[224]

Wenn Sie die Bibel lesen, suchen Sie sich einen ungestörten Platz und beten Sie, dass Sie das Gelesene aufnehmen können. Bitten Sie Gott in Ihr Leben zu sprechen und in Ihnen zu wirken. Am besten ist es, täglich, am

---

[224] 1.Thessalonicher 2,13 (NLB)

selben Ort zur selben Zeit zu lesen. Um einen ersten Eindruck zu bekommen, kann man täglich ein Kapitel lesen. In den ersten Monaten des Bibellesens ist das sinnvoll, damit man einen Überblick bekommt. Später hat man noch einen größeren Gewinn davon, wenn man seine Eindrücke aufschreibt. Wichtig ist dann, nicht mehr als rund zehn bis zwanzig Verse[225] zu lesen. Weniger ist mehr, dafür aber regelmäßig, denn eine gute Gewohnheit hilft mir dranzubleiben.

Für die Notizen kann ich folgendes Schema empfehlen, das ich schon viele Jahre verwende. Ich nütze einen leeren Jahreskalender und schreibe auf die erste Seite links oben ein großes A. Das A bedeutet: Was ist die Aussage? Ich schreibe eine kurze Zusammenfassung des Bibelabschnittes. Mit dem Schreiben nehmen wir das Gelesene bewusster in uns auf. Schreiben ist nicht nur das Festhalten eines Gedankens, sondern auch eine Unterstützung beim Nachdenken.

Dann mache ich ein großes B. Das meint: Welche Bedeutung hat das Gelesene für mich? Jeder Mensch hat unterschiedliche Herausforderungen. Versuchen Sie den Bibeltext auf Ihre aktuellen Lebensfragen und Sorgen zu übertragen. Und fragen Sie sich: Was könnte Gott mir

---

[225] Jedes Kapitel der Bibel ist in nummerierte Verse gegliedert.

durch diesen Bibeltext sagen wollen? Schreiben Sie Ihren Eindruck auf. Das darf völlig subjektiv auf Ihr Leben bezogen werden, denn es geht ja um die Bedeutung für Ihre aktuelle Situation.

Zuletzt kommt noch der Buchstabe C in meinen Kalender. Das C steht für Jesus Christus. Hier schreibe ich ein Gebet auf. Welche Antwort gebe ich Jesus Christus? Wofür bin ich dankbar? Was sind meine Anliegen?

Mit dieser wirksamen Methode kann man die ganze Bibel kennenlernen. Täglich dafür 20 Minuten zu reservieren, wird zu einer Kraftquelle in unserem Alltag werden. Es ist eine Zeit der Stille und Entspannung, in der ich bitten, danken und loslassen kann. An der Bibel Interessierte machen öfters den Fehler, dass sie zu viel auf einmal lesen. Lesen Sie einen kurzen Abschnitt. Denken Sie darüber nach. Schreiben Sie sich Notizen nach dem A-B-C-System auf und Sie werden spüren, dass Sie mehr davon haben, als wenn Sie zu viele Seiten auf einmal lesen.

Haben Sie Vertrauen, dass Sie verstehen können, was Gott Ihnen durch die Bibel sagen will. Lassen Sie sich nicht abschrecken, wenn es am Anfang noch schwierig scheint, den Bibeltext zu verstehen. Es ist zu Beginn, wie wenn man sich erstmals mit einer neuen Materie beschäftigt. Ich versichere Ihnen, dass diese ersten Hürden bald weniger werden, wenn Sie regelmäßig in der Bibel lesen. Begriffe und Zusammenhänge werden immer leichter zu verstehen sein.

Man kann sich zum Lesen der Bibel auch einer Bibelrunde anschließen. Der Austausch in einer Gruppe ist hilfreich und oftmals kann man einen Text noch besser verstehen und auf sein Leben anwenden, als wenn man ihn allein liest. Die unterschiedlichen Sichtweisen über einen Bibelabschnitt sind eine Bereicherung, aber auch Hilfe, wenn man etwas nicht versteht.[226]

Jesus ermutigt uns, die Verbindung mit ihm zu suchen: „Wer in mir bleibt und ich in ihm, wird viel Frucht bringen. Denn getrennt von mir könnt ihr nichts tun... wenn ihr mit mir verbunden bleibt und meine Worte in euch bleiben, könnt ihr bitten, um was ihr wollt, und es wird euch gewährt werden!"[227] Damit seine Worte in uns bleiben ist es gut und wichtig, die Bibel regelmäßig zu lesen und ihre Wunder zu entdecken.

---

[226] Sollten Sie eine Gesprächsrunde suchen, empfehle ich die folgenden Internetseiten: bibelkreis.at oder kleingruppe.de der Adventgemeinden in Österreich bzw. Deutschland.
[227] Johannes 15,5-7 (NLB)

DAS ATMEN DER SEELE

Jesus wurde von seinen ersten Anhängern gebeten, ihnen das Beten beizubringen: „Einmal hatte Jesus Halt gemacht, um zu beten. Als er aufgehört hatte zu beten, kam einer seiner Jünger zu ihm und bat: »Herr, lehre uns beten, so wie Johannes es seine Jünger gelehrt hat.« Jesus antwortete: »Wenn ihr betet, dann sprecht: `Vater, dein Name werde geehrt. Dein Reich komme bald. Gib uns jeden Tag die Nahrung, die wir brauchen. Und vergib uns unsere Schuld - so wie auch wir denen vergeben, die an uns schuldig geworden sind. Und lass nicht zu, dass wir der Versuchung nachgeben."[228]

Jesus sprach persönlich mit seinem Vater im Himmel. Die Apostel kannten das so nicht. Die Gebete, die sie ansonsten hörten, hatten einen sehr formalen Charakter. Jesus zeigte ihnen, dass Beten ein direktes Gespräch mit Gott ist. Und es geht nicht darum, Gott einen Gefallen zu tun oder ihm neue Informationen zu geben, denn er weiß ohnehin alles, sondern das Gebet ist Gemeinschaft mit unserem Schöpfer: „Wenn du betest, geh an einen Ort, wo du allein bist, schließ die Tür hinter dir und bete in der Stille zu deinem Vater.

---

[228] Lukas 11,1-4 (NLB)

Dann wird dich dein Vater, der alle Geheimnisse kennt, belohnen. Plappert nicht vor euch hin, wenn ihr betet, wie es die Menschen tun, die Gott nicht kennen. Sie glauben, dass ihre Gebete erhört werden, wenn sie die Worte nur oft genug wiederholen. Seid nicht wie sie, denn euer Vater weiß genau, was ihr braucht, noch bevor ihr ihn darum bittet!"[229] Jesus geht es nicht darum wie lange unsere Gebete sind oder wie schön wir sie formulieren. Beten ist schlicht Reden mit Gott. Durch das persönliche Gespräch kommen wir mit Gott in Kontakt. Wenn wir mit Gott reden, ist das wie ein Atmen der Seele. Wenn wir beten, dann tritt unser Geist mit Gott in Verbindung. Das Beten ist tief in der menschlichen Seele verankert. Besonders in Grenzsituationen bricht die unbewusste Sehnsucht nach Gott hervor.

Wir dürfen mit Jesus über unsere Bedürfnisse reden. Er verspricht unsere Worte zu hören und zu beantworten: „Bittet, so wird euch gegeben; suchet, so werdet ihr finden; klopfet an, so wird euch aufgetan. Denn wer da bittet, der empfängt; und wer da sucht, der findet; und wer da anklopft, dem wird aufgetan. Oder ist ein Mensch unter euch, der seinem Sohn, wenn er ihn bittet um Brot, einen Stein biete? Oder der ihm, wenn er ihn bittet um einen Fisch, eine Schlange biete? Wenn nun ihr,

---

[229] Matthäus 6,6-8 (NLB)

die ihr doch böse seid, dennoch euren Kindern gute Gaben zu geben wisst, wie viel mehr wird euer Vater im Himmel Gutes geben denen, die ihn bitten!"[230]

Gott wird niemals Gebete erhören, wenn man Böses im Sinn hat. Auch geht es nicht darum, dass das Gebet meine nötigen Aktivitäten ersetzen kann und soll. Gott unterstützt sicher nicht Faulheit. Doch jeder kennt die Grenzen der eigenen Machbarkeit durch unvorhersehbare Ereignisse und Entwicklungen. Jesus versichert uns, dass unsere aufrichtigen Gebete gehört und beantwortet werden.

Folgende drei Fragen sollten wir dabei beachten:
1. Wann wird mein Gebet erhört? Gott erhört Gebete. Er hat aber einen Zeitplan, der mir vorerst nicht bekannt ist.

2. Wie wird mein Gebet erhört? Man spinnt sich mögliche Lösungen zurecht und hofft, dass sich die Probleme in der von mir gedachten Form klären. Doch dann passiert dies nicht so, wie ich mir das vorgestellt habe. Aber es kann zu überraschenden Wendungen kommen, von denen ich nichts geahnt habe. Dazu brauche ich Geduld, denn die Erfüllung des Gebetes sieht eventuell ganz anders aus.

---

[230] Matthäus 7,7-11 (NLB)

3. Warum wird mein Gebet nicht so erhört, wie ich es mir gewünscht habe? Ich bete um eine Lösung oder um Erhörung eines Anliegens, aber es tut sich nichts, auch nach vielen Jahren nicht. Aufgrund der klaren Zusage von Jesus dürfen wird darauf vertrauen, dass er unsere Gebete so erhört, wie es für uns am besten ist.

Wenn ich vor einer unlösbaren Situation stehe, dann gibt es drei Zusagen Gottes, auf die ich mich verlassen soll: 1. Gott meint es gut mit mir. 2. Gott kümmert sich jetzt um mich. 3. Gott hat eine Lösung.

Ich darf mit Gott im Gebet verbunden sein und damit erfahren, dass er mein Schöpfer und Freund ist, denn es geht ja nicht nur ums Bitten, sondern auch ums Danken für die vielen Geschenke und Wunder des Lebens.[231] Machen Sie sich jeden Tag Gedanken, wofür Sie Gott dankbar sind. Schreiben Sie sich das auf und sagen Sie es Gott. Er freut sich darüber und Ihnen tut es gut.

Mit unserem Gebet anerkennen wir ihn als unseren Schöpfer und Erlöser: „Habt Achtung vor Gott und gebt ihm die Ehre! ... Betet den an, der Himmel und Erde, das Meer und alle Wasserquellen gemacht hat!"[232]

---

[231] Psalm 136; Epheser 5,20; Kolosser 3,17
[232] Offenbarung 14,7

WELTGESCHICHTE MIT ZIEL

Ich war dreimal in Berlin und jedes Mal besuchte ich das Pergamonmuseum. Dort befindet sich das blaue Ischtar-Tor, dessen Tierreliefs aus den originalen Ziegelfragmenten errichtet wurden.[233] Durch dieses Tor ist der Prophet Daniel im 6. Jh. v. Chr. gegangen. Seine Vorhersagen über die Weltgeschichte sind sensationell. Sie reichen von der Zeit des antiken Babylons um 600 v. Chr. bis in unsere moderne Zeit. Es gibt keine vergleichbaren Aussagen in anderen religiösen Büchern. Wenn jemand an Gott und an der Bibel zweifelt, dann sollte sie oder er sich mit den historischen Prophezeiungen beschäftigen. Es ist tatsächlich so, dass Gott einzelnen Menschen den zukünftigen Geschichtsverlauf gezeigt hat. Wenn Gott mit dem Universum Raum und Zeit geschaffen hat, warum sollte er von seiner Dimension aus nicht die Zukunft der Welt überblicken können? Der Vorteil der biblischen Prophetie ist, dass wir noch nach vielen Jahrhunderten überprüfen können, ob sich die Voraussagen erfüllt haben.

---

[233] Ausstellung im Pergamonmuseum, Staatliche Museen zu Berlin: Vom Fragment zum Monument, 10.11.2020 bis 03.10.2021

Der Prophet Daniel wurde 605 v. Chr. als junger Mann von König Nebukadnezar von Jerusalem nach Babylon verschleppt. Er und andere junge Leute der hebräischen Führungsschicht wurden am babylonischen Hof zu Beamten ausgebildet. König Nebukadnezar regierte von 605 bis 562 v. Chr. und hat mit Babylon eine wunderschöne Stadt errichtet, deren berühmtes Ischtar-Tor heute im Pergamonmuseum bewundert werden kann.

König Nebukadnezar hatte einen Traum, über den er sehr erschrak. Er fasste ihn als Zeichen der Götter auf. Doch niemand konnte ihm bei der Deutung des Traumes helfen. Der Haken dabei war, dass der König nicht erzählte, was er geträumt hatte. Seine Seher und Magier baten ihn, den Traum zu erzählen, aber er konnte oder wollte es nicht. Da die engsten Berater den Traum somit nicht deuten konnten, waren sie hilflos. Darüber war der König so zornig, dass er drauf und dran war seinen gesamten Beraterstab töten zu lassen. Daniel erfuhr davon und erbat sich beim König Bedenkzeit. Er betete mit einigen Freunden zu Gott. In einer Vision wurde ihm sowohl der Traum als auch seine Bedeutung gezeigt. Mit diesen Informationen ging er zum König und erzählte ihm, was dieser für einen Traum hatte und erklärte ihm, wie er zu verstehen sei. Nebukadnezar war begeistert, denn der Traum war genauso gewesen, wie Daniel es geschildert hatte.[234] In dieser Vision und weiteren Hinweisen erfährt Daniel, dass vier Weltreiche, beginnend mit Babylon, ins politische Rampenlicht treten werden. Er beschreibt, dass nach Babylon die Weltreiche Medo-Persien[235] und Griechenland kommen.[236] Genauso ist es dann auch geschehen, denn nach Babylon, übernahm Medo-Persien die Oberherrschaft über das babylonische Weltreich. Anschließend trat mit Alexander dem Großen das dritte Weltreich Griechenland auf. Daniel spricht von einem vierten Weltreich, das er aber nicht mit Namen nennt. Es wird als eine eiserne brutale Macht beschrieben, die das griechische Weltreich ablösen sollte. Historisch handelt es sich dabei um das römische Weltreich, das Europa südlich der Donau, den Mittelmeerraum und den Nahen Osten dominierte.

Nach dem vierten Weltreich soll es zu einem Zerfall in viele kleine und große Reiche kommen. Man wird versuchen, diese Reiche zu einer politischen Einheit zu verbinden, aber es wird nicht gelingen. Dies hat sich in der Geschichte des gesamten Mittelmeerraumes, Europas und des Nahen Ostens erfüllt. Dort, wo früher diese vier

---

[234] Daniel 2,27-47

[235] Medien und Persien bilden ein Reich: 553 v. Chr. verbündete sich der medische Adel mit den Persern. (wikipedia)

[236] Daniel 8,21.22

Weltreiche herrschten, kam es anschließend zum Zerfall in viele Nationen, so wie es Daniel vorhergesagt hatte.[237]

Babylon	605 v.Chr.
Medo-Persien	539 v.Chr.
Griechenland	331 v. Chr.
Rom	168 v. Chr. bis ca. 476 n. Chr.
Zerfall in kleinere Nationen	Europa, Nordafrika, Naher Osten
Reich Gottes	Wiederkunft Jesu

Daniels Vorhersage im 6 Jh. v. Chr. betrifft einen Geschichtsverlauf, der bis in die heutige Zeit reicht. Das ehemalige römische Reich wurde von den Staaten abgelöst, die wir heute in Europa, Nordafrika und dem Nahen Osten kennen. Über unsere heutige Epoche der vielen kleinen und großen Nationen hat Daniel etwas Wichtiges zu sagen: „Aber zur Zeit dieser Könige wird der Gott des Himmels ein Reich aufrichten."[238] Daniel beschreibt eine völlig andere Welt, die für immer existieren wird: „Schließlich wird der höchste Gott seinem Volk die Herrschaft übertragen und ihm die Größe und Macht aller Königreiche der Erde verleihen. Gottes Reich bleibt

[237] Siehe auch: Peter Zaiser, Unser Leben von oben, S. 288f
[238] Daniel 2,44 (LUT)

für immer bestehen."[239] Auch Jesus spricht von diesem Reich, das er in der Zukunft errichten will. Zuerst beginnt dieses Reich in unseren Herzen, aber es wird sich auch einmal sichtbar zeigen. Jesus sagt: „Wenn ich gegangen bin und euch den Platz bereitet habe, dann werde ich zurückkommen und euch zu mir nehmen, damit auch ihr seid, wo ich bin."[240] Jesus verspricht wieder zu kommen und uns zu sich zu nehmen. Er wird uns eine Welt schenken, von der auch der Apostel Johannes im letzten Buch der Bibel spricht: „Ich sah einen neuen Himmel und eine neue Erde… Es wird keinen Tod mehr geben und keine Traurigkeit, keine Klage, keine Quälerei mehr."[241] Diese Welt kennt kein Leid und keinen Tod mehr. Für uns derzeit unvorstellbar, aber wieso sollte Gott das nicht können? Die ursprüngliche Schöpfung war frei von Leid und Tod. Sein Ziel ist es wieder so eine Erde zu schaffen, zu der er sagen kann: „Es ist alles sehr gut!"

Der Prophet Daniel hat 600 Jahre vor Christus kommende vier Weltreiche und deren Zerfall genau und richtig beschrieben. Sollte sich die Voraussage des zukünftigen Reiches Gottes auch erfüllen? Ganz gewiss,

---

[239] Daniel 7,27 (HFA)
[240] Johannes 14,3 (GNB)
[241] Offenbarung 21,1-4 (GNB)

161

denn wenn der Prophet für einen Zeitraum von 2600 Jahren die Geschichte richtig vorhergesagt hat, sollte alles andere nicht auch noch kommen? Das Wunder der biblischen Vorhersagen stärkt unser Vertrauen an ein ewiges Leben bei Gott. Johannes erfährt durch eine Vision: „Gott selbst wird als ihr Gott bei ihnen sein."[242] Die neue Welt wird es für immer geben.[243] Sie hat kein Ablaufdatum wie die Reiche dieser Erde.

[242] Offenbarung 21,3 (GNB)
[243] Offenbarung 22,5

ER KOMMT WIEDER

Die ganze Bibel vermittelt uns, dass es einen Schöpfer gibt, der am Beginn eine wunderschöne Welt geschaffen hat. Es gab noch keinen Tod und es war alles perfekt und schön: „Und Gott sah an alles, was er gemacht hatte, und siehe, es war sehr gut."[244] Erst durch die Trennung von Gott veränderten sich Mensch und Natur. Es kamen Leid, Schuld und Tod über die Welt. Das Alte Testament enthält viele Vorhersagen über einen Retter, der kommen und dieses Problem des Todes und der Schuld lösen wird. Durch Jesus Christus haben sich diese Voraussagen der biblischen Propheten erfüllt. Er starb am Kreuz und erfuhr die für ihn schreckliche Trennung von seinem Vater. Sein Tod ist der eines von Gott getrennten Menschen. Stellvertretend nahm er ihn für die schuldig gewordene Menschheit auf sich, damit wir ewiges Leben erhalten können. Der Apostel Johannes schreibt in einem seiner Briefe: „Und dies hat Gott versichert: Er hat uns das ewige Leben geschenkt, und dieses Leben ist in seinem Sohn. Wer an den Sohn Gottes glaubt, hat das Leben; wer aber an den Sohn Gottes nicht glaubt, hat auch das Leben nicht."[245] Dieses ewige Leben werden wir bekommen, wenn Jesus wiederkommt.

---

[244] 1.Mose 1,31 (LUT)
[245] 1.Johannes 5,11.12 (NLB)

Jesus sagt, dass vor seinem Kommen schreckliche Dinge auf der Erde geschehen werden.[246] Es werden globale Probleme auftreten wie Seuchen, Kriege und Hungersnöte. Man wird gesetzlos leben und handeln. Es werden falsche Propheten auftreten und Wunder tun, die die Menschen in die Irre führen. Die religiöse Verwirrung wird groß sein. Es werden Personen auftreten, die sich als Jesus ausgeben. Deshalb beschreibt er deutlich, wie sein Kommen sein wird.

„Denn der Menschensohn wird für alle sichtbar kommen, wie ein Blitz, der von Ost nach West über den Himmel zuckt. … die Sterne werden vom Himmel fallen und die Ordnung des Himmels wird zusammenbrechen. Dann wird der Menschensohn für alle sichtbar am Himmel erscheinen. Dies ist das Zeichen, dass das Ende da ist. Die Völker der ganzen Welt werden jammern und klagen, wenn sie den Menschensohn auf den Wolken des Himmels mit göttlicher Macht und Herrlichkeit kommen sehen. Dann wird die Posaune ertönen und der Menschensohn wird seine Engel in alle Himmelsrichtungen ausschicken, damit sie von überall her die Menschen zusammenbringen, die er erwählt hat."[247]

---

[246] Matthäus 24,1-14
[247] Matthäus 24,27-31 (GNB)

Jesus betont die sichtbare Wirkung seines Kommens. Er selbst wird von allen Menschen gesehen werden. Zeichen an Sonne, Mond und Sternen werden zeigen, dass nun das Ende der Welt gekommen ist. Sollte also jemand behaupten, er sei Christus und auf dieser Erde läuft alles in den gewohnten Bahnen weiter, dann ist das eine Täuschung. Dasselbe gilt für eine angebliche geheime Ankunft von Jesus, denn sie wird alles andere als für einen exklusiven Kreis stattfinden. Wenn er kommt, werden wir das alle wissen, denn die Naturgesetze scheinen in dem Moment aufgehoben.

Nach der Bibel ist der Tag der Wiederkunft der Moment, wo die Toten auferstehen werden. Der Apostel Paulus schrieb an die Christen: „Und nun, Brüder, möchte ich, dass ihr wisst, was mit denen geschieht, die bereits gestorben sind, damit ihr nicht traurig seid wie jene Menschen, die keine Hoffnung haben. Denn weil wir glauben, dass Jesus starb und wieder auferstanden ist, glauben wir auch, dass Gott durch Jesus alle verstorbenen Gläubigen wiederbringen wird, wenn Jesus kommt. … Denn der Herr selbst wird … vom Himmel herabkommen. Dann werden zuerst alle Gläubigen, die schon gestorben sind, aus ihren Gräbern auferstehen. Und mit ihnen zusammen werden auch wir Übrigen, die noch auf der Erde leben, auf den Wolken hinaufgehoben werden in die Luft, um dem Herrn zu begegnen und in Ewigkeit bei ihm zu bleiben. Tröstet euch also gegenseitig mit diesen Worten![248] Die Auferstehung geschieht demnach nicht vorher, sondern erst zum Zeitpunkt der Erscheinung von Jesus; dann werden wir für immer bei Gott sein.

Aber was geschieht mit dieser alten Erde? Gibt es hier noch Menschen? Petrus hat dazu deutliche Worte. „Doch der Tag des Herrn kommt unvorhergesehen wie ein Dieb. Dann wird der Himmel unter tosendem Lärm vergehen, die Himmelskörper verglühen im Feuer, und die Erde und alles, was auf ihr ist, wird zerschmelzen."[249] Nach der Zerstörung der alten Erde wird es zu einer Neuschöpfung kommen.[250]

Gott wird den Menschen eine völlig neue Erde schenken. Petrus schreibt in seinem zweiten Brief an die Christen: „Gott hat uns einen neuen Himmel und eine neue Erde versprochen. Dort wird es kein Unrecht mehr geben, weil Gottes Wille regiert. Auf diese neue Welt

---

[248] 1.Thessalonicher 4,13-18 (NLB)
[249] 2.Petrus 3,10 (GNB)
[250] Offenbarung 20 beschreibt nochmal ein Gericht nach der Wiederkunft, das den Gläubigen die Möglichkeit gibt, die Entscheidungen Gottes nachzuvollziehen. Anschließend wird die neue Erde erschaffen. Näheres dazu: Peter Zaiser, Unser Leben von oben, S. 230ff

warten wir."[251] Die ersten Christen verstanden darunter nicht ein gegenwärtiges geistiges Jenseits, sondern eine zukünftige materielle neue Erde, auf die sie warteten.

Wir haben das Paradies verloren, aber wir sollen es wieder bekommen. Jesus wird kommen und die an Gott geglaubt haben werden auferstehen. Diese alte Erde wird vergehen und eine neue Erde ohne Leid, Schuld und Tod geschaffen werden. Gott hat ein Ziel mit uns. Er wird eingreifen und alles neu machen.

[251] 2.Petrus 3,13 (GNB)

HINTERM HORIZONT

Einen sterbenden Menschen zu begleiten, gehört für mich als Pastor zu den besonders bewegenden Aufgaben. Eine Frau wollte, dass bei ihrer Beerdigung über die Hoffnung auf die Auferstehung gesprochen wird. Ihre Worte in den letzten Wochen ihres Lebens waren: „Ich weiß, dass mein Erlöser lebt!"[252] Diesen Satz sagte Hiob, der aufgrund seines Leidens in der ganzen Welt bekannt ist. Kann man das so sagen? Müsste man nicht sagen: „Ich vermute, hoffe oder ich glaube, dass mein Erlöser lebt?"

Es gibt verschiedene Überzeugungen, was Gott betrifft:

1. Es gibt keinen Gott.
2. Es gibt vielleicht einen Gott.
3. Es gibt einen Gott, der mit der Welt nichts zu tun hat.
4. Es gibt Gott und er hat etwas mit der Welt zu tun, aber nicht mit mir.
5. Es gibt Gott und er kennt mich.
6. Es gibt Gott und er ist gut und meint es gut mit mir.
7. Es gibt Gott und er ist mein Erlöser und hat mir das ewige Leben geschenkt.

---

[252] Hiob 19,25 (LUT)

Ich weiß, dass mein Erlöser lebt - das ist wohl das Ergebnis eines Vertrauensprozesses, bei dem im Laufe der Jahre immer deutlicher wird, dass Gott existiert und man sich ihm völlig anvertrauen kann. Was passiert in unserer Psyche, wenn man sagen kann: Ich weiß, dass ich von Gott getragen und gehalten bin. Ich weiß, dass Gott lebt und sich für mein Leben interessiert. Ich weiß, dass der Tod nicht die Endstation ist, sondern ich in Gott geborgen bin und einst auferstehen werde. Es gibt nichts Schöneres als sagen zu können: „Ich weiß, dass mein Erlöser lebt…!

Ein sehr weiser Satz zum Thema Vergänglichkeit in der Bibel lautet: „Lehre uns bedenken, dass wir sterben müssen, auf dass wir klug werden."[253] Die Anerkennung der eigenen Endlichkeit kann mich weise machen, denn dadurch bin ich gefordert, mir grundlegende Fragen zu stellen. Welche Prioritäten will ich setzen? Was ist für mich wichtig? Angesichts des Todes wird deutlich, welche Werte von Bestand sind. Jesus verspricht, wer sich ihm anvertraut, der wird auferstehen. „Mein Vater will, dass alle, die den Sohn sehen und sich an ihn halten, ewig leben. Ich werde sie am letzten Tag vom Tod auferwecken… ich versichere euch: Wer sich an mich hält,

---

[253] Psalm 90,12 (LUT)

169

hat das ewige Leben."[254] Dieser letzte Tag ist der Tag, an dem Jesus wiederkommt. Dann werden jene, die sich in ihrer Lebenszeit Gott anvertraut haben, auferstehen. „Vertraut auf Gott und vertraut auch auf mich! Im Haus meines Vaters gibt es viele Wohnungen, und ich gehe jetzt hin, um dort einen Platz für euch bereitzumachen… Und wenn ich gegangen bin und euch den Platz bereitet habe, dann werde ich zurückkommen und euch zu mir nehmen, damit auch ihr seid, wo ich bin."[255] Die Aussage macht deutlich, dass zuerst Jesus wiederkommen muss, und erst dann werden die Toten auferstehen. Es gibt einige wenige Ausnahmen wie Henoch, Elia und Mose, die gleich am Ende ihres Lebens zu Gott geholt wurden.

In welchem Zustand befinden wir uns zwischen unserem Todestag und der Auferstehung? Jesus selbst bezeichnet den Tod als einen Zustand des Schlafes. „Unser Freund Lazarus ist eingeschlafen. Aber ich werde hingehen und ihn aufwecken… Jesus hatte jedoch von seinem Tod gesprochen; sie aber meinten, er rede nur vom Schlaf. Da sagte Jesus ihnen: »Lazarus ist tot."[256] Im Tod leben wir nicht. Auch der Prophet Daniel spricht vom Zustand des Todes vor der Auferstehung. „Viele, die in

---

[254] Johannes 6,40-47 (GNB)
[255] Johannes 14,1-3 (GNB)
[256] Johannes 11,11-14 (GNB)

der Erde schlafen, werden erwachen, die einen zu ewigem Leben, die andern zu ewiger Schmach und Schande."[257] Erst wenn Jesus wiederkommt, werden die Toten aufwachen, deshalb wird der Tod in der Bibel als unbewusster Zustand verstanden. „Alles, was dir vor die Hände kommt, es zu tun mit deiner Kraft, das tu; denn im Totenreich, in das du fährst, gibt es weder Tun noch Denken, weder Erkenntnis noch Weisheit."[258] Sind wir verstorben, dann ist es, als ob wir am Abend einschlafen und am Morgen wieder aufwachen. Die vielen Stunden zwischen unserem Tod und der Auferstehung werden wir nicht wahrnehmen. Egal, ob jemand gestern oder vor 3000 Jahren gestorben ist, für jede Person wird subjektiv die Auferstehung im nächsten Moment stattfinden.

Der Tod hat nicht das letzte Wort, denn Jesus sagt: „Ich bin die Auferstehung, und ich bin das Leben. Wer an mich glaubt, der wird leben, selbst wenn er stirbt. Und wer lebt und an mich glaubt, wird niemals sterben."[259]

---

[257] Daniel 12,2 (GNB)
[258] Prediger 9,10 (LUT)
[259] Johannes 11,24.25 (LUT)

DIE LETZTE GERECHTIGKEIT

Eine Frau erzählte mir, dass sie ein ganz großes Unrecht erfahren hatte. Sie konnte keine Wiedergutmachung mehr einfordern. Aufgrund dieser Erfahrung dachte sie über das Thema des Unrechts in der Welt nach und war davon überzeugt, dass es eine letzte Gerechtigkeit geben müsse. Sie begann in der Bibel zu lesen und fand zum Glauben an Gott. Sie erkannte, dass es einen Gott gibt, der Recht und Unrecht unterscheidet und es eine letzte Gerechtigkeit für alle Menschen gibt. Tief in uns verankert ist ein Gefühl für Gerechtigkeit. Wenn wir Ungerechtigkeit erfahren, sind wir sehr verärgert und verletzt. Wir wünschen uns Gerechtigkeit und machen die Erfahrung, dass das Unrecht nicht immer ausreichend wieder gut gemacht wurde.

Die Bibel spricht an vielen Stellen davon, dass Gott absolut gerecht ist und er durch ein himmlisches Gericht über jeden Menschen ein Urteil sprechen wird. Wenn wir vom Standpunkt der absoluten Gerechtigkeit ausgehen, hat kein Mensch eine Chance, denn wir sind alle schuldig geworden. Doch wie können wir dann bei Gott angenommen werden? Die Bibel sagt, dass wir durch das gerechte Leben von Jesus Christus angenommen werden. Es ist so, als ob wir mit 100 Milliarden Euro auf unserem Konto im Minus wären. Wir sind nicht in der Lage, diese Schuld zu begleichen, auch nicht durch gute Taten. So sagt der Apostel Johannes: „Wenn wir unsere Sünden bekennen, dann ist er treu und gerecht, dass er uns vergibt und uns von allem Bösen reinigt."[260] Wenn wir bereuen und vertrauen, wird das gerechte Leben von Jesus auf unser Lebenskonto überwiesen und wir sind schuldenfrei. Gott ist dabei treu und gerecht. Die Gerechtigkeit Gottes sieht also nicht so aus, dass er allein nach Recht und Gesetz beurteilt. Seine Barmherzigkeit ist ein wesentlicher Teil dieser Gerechtigkeit. Denn Jesus sagt: „Niemand, der zu mir kommt, wird von mir abgewiesen."[261]

Doch wenn jemand diese Barmherzigkeit zurückweist, dann ist keine Vergebung möglich. Die Bibel zeigt, dass jene, die ihre Schuld nicht einsehen und bereuen, keine Vergebung bekommen können. Sie werden nach ihren Werken beurteilt und dafür in einem letzten Gericht die Konsequenzen erfahren müssen. Der Lebenslauf eines jeden Menschen ist in der himmlischen Datenbank notiert: „Das Gericht wurde gehalten, und die Bücher wurden aufgetan."[262] In dieser Datenbank wird alles

---

[260] 1.Johannes 1,8 (NLB)
[261] Johannes 6,37 (GNB)
[262] Daniel 7,10 (LUT)

festgehalten, vor allem, ob wir das Angebot der Vergebung annehmen wollten. Im biblischen Buch Prediger steht: „Über alles, was wir tun, wird Gott Gericht halten, über die guten und die schlechten Taten, auch wenn sie jetzt noch verborgen sind."[263] Niemand kann der letzten Gerechtigkeit entkommen. Es kann kein Tyrann der Menschheitsgeschichte diesem Gericht entfliehen, auch nicht durch den Tod, denn es gibt eine Auferstehung zum ewigen Leben und eine Auferstehung zum Gericht. Jesus sagt: „Es kommt die Stunde, in der alle, die in den Gräbern sind, seine Stimme hören werden, und werden hervorgehen, die Gutes getan haben, zur Auferstehung des Lebens, die aber Böses getan haben, zur Auferstehung des Gerichtes."[264]

Es gibt eine letzte Gerechtigkeit. Das kann uns heute trösten, wenn wir Unrecht erfahren haben oder an der Ungerechtigkeit in der Welt leiden. Es soll uns aber auch warnen, wenn wir selbst Unrecht getan haben. Dann sollen wir Gott und die betroffenen Menschen um Vergebung bitten und, soweit es möglich ist, den Schaden wieder gut machen.

---

[263] Prediger (oder Kohelet) 12,14 (GNB)
[264] Johannes 5,28.29 (LUT)

FÜR IMMER LEBEN

Heute haben wir von unserer Terrasse aus einen wunderschönen Blick auf ein strahlend blaugrünes Meer. Das Wasser ist glasklar. Wir sehen die Bucht am Ende des weißen Strandes mit Bäumen, die Schatten spenden. Mit den dahinter liegenden rot und grün schimmernden Felsen wirkt das ganze Bild wie ein kleines Paradies. Hier können wir jede Minute genießen und uns erholen.

Tief in unserem Herzen sehnen wir uns nach einer Welt ohne Leid und Tod. Alles soll gut sein. Wie sehr wünschen wir uns doch das Paradies herbei. Wir können diese Sehnsucht im Urlaub spüren. Eine Welt ohne Probleme und Sorgen. Einfach nur jeden Tag genießen und uns erfreuen an der Schönheit der Natur. Aber auch in anderen Bereichen wird dieser Wunsch deutlich. Wir hören es in Liedern, wir sehen es in der Filmwelt und auf tragische Weise erfahren es jene, die in der Sucht ihren Weg zum Paradies finden wollen.

Ausgehend von den Wundern der biblischen Vorhersagen und dem Auftreten von Jesus Christus haben wir etliche Hinweise, dass es eine reale Hoffnung auf eine Welt ohne Leid, Schuld und Tod gibt.

Jesaja spricht vom Knecht Gottes, der leiden, sterben und wieder auferstehen wird.[265] Diese Vorhersagen haben sich erfüllt. Er prophezeit auch eine neue Welt und zitiert, was Gott ihm gesagt hat: „Ich will einen neuen Himmel und eine neue Erde schaffen, dass man der vorigen nicht mehr gedenken und sie nicht mehr zu Herzen nehmen wird."[266] Die alte Erde und was dort geschehen ist, wird uns nicht mehr belasten.

Können wir darauf vertrauen, dass es einmal eine neue Erde geben wird? Nachdem sich Vorhersagen über die Weltgeschichte und über Jesus erfüllt haben, dürfen wir darauf vertrauen, dass Gott uns eine neue Welt schenken wird. Der Apostel Johannes hat dazu von Gott Hinweise bekommen: „Dann sah ich einen neuen Himmel und eine neue Erde, denn der alte Himmel und die alte Erde waren verschwunden. Und auch das Meer war nicht mehr da. ... Ich hörte eine laute Stimme vom Thron her rufen: »Siehe, die Wohnung Gottes ist nun bei den Menschen! Er wird bei ihnen wohnen und sie werden sein Volk sein und Gott selbst wird bei ihnen sein. Er wird alle ihre Tränen abwischen, und es wird keinen Tod und keine Trauer und kein Weinen und keinen Schmerz mehr geben. Denn die erste Welt mit ihrem

---

[265] Jesaja 53
[266] Jesaja 65,17 (LUT)

ganzen Unheil ist für immer vergangen.« Und der, der auf dem Thron saß, sagte: »Ja, ich mache alles neu!« Und dann sagte er zu mir: »Schreib es auf, denn was ich dir sage, ist zuverlässig und wahr!« Und er sagte auch: »Es ist vollendet! Ich bin das Alpha und das Omega - der Anfang und das Ende. Jedem, der durstig ist, werde ich aus der Quelle, die das Wasser des Lebens enthält, umsonst zu trinken geben!"[267]

Diese Welt benötigt keine Spitäler und Friedhöfe. Kriege werden der Vergangenheit angehören. Niemand muss hungern oder Ungerechtigkeit erfahren. Es gibt keine Unterdrückung und keinen Machtmissbrauch mehr. Alle Lebewesen werden ewig leben und einander mit ihren Gaben und Fähigkeiten bereichern. Niemand muss um seine Existenz fürchten oder langweilige Arbeiten verrichten, sondern jeder hat Aufgaben, die Freude bereiten. Diese Welt wird kein Ende von Leben und Weiterentwicklung, Glück und Erfüllung kennen.

---

[267] Offenbarung 21,1-6 (NLB)

LIEBEN WIE GOTT

So wie die Naturgesetze dafür sorgen, dass alles harmonisch verbunden ist, brauchen auch wir beständige Werte für unser Zusammenleben. Jesus wurde einmal gefragt, was das wichtigste Gebot sei. Er antwortete: „Liebe den Herrn, deinen Gott, von ganzem Herzen, mit ganzem Willen und mit deinem ganzen Verstand! Dies ist das größte und wichtigste Gebot. Aber gleich wichtig ist ein zweites: ›Liebe deinen Mitmenschen wie dich selbst!‹ In diesen beiden Geboten ist alles zusammengefasst, was das Gesetz und die Propheten fordern."[268] Demnach ist das grundlegende und richtige Lebenskonzept die Liebe zu Gott und dem Nächsten. In einem zukünftigen Paradies wird diese Grundregel vollkommen gelebt werden.

Die zehn Gebote sind eine kurze Anleitung wie sich die Liebe zu Gott und dem Nächsten konkret ausdrückt. Sie sind unabhängig von der Kultur weltweit gültig. Die ersten vier Gebote beschreiben die Beziehung zu Gott und die weiteren sechs das Zusammenleben der Menschen.

---

[268] Matthäus 22,37-40 (GNB)

Mose, der die schon allgemein bekannten Gebote, nochmal in Form von zwei beschriebenen Steintafeln von Gott bekommen hat, musste sie an den heiligsten Ort, in die Bundeslade im Heiligtum, legen.

Im zweiten Buch Mose, Kapitel 20, lesen wir:[269]

„1. Ich bin der Herr, dein Gott, der dich aus der Sklaverei in Ägypten befreit hat. Du sollst außer mir keine anderen Götter haben.

2. Du sollst dir kein Götzenbild anfertigen von etwas, das im Himmel, auf der Erde oder im Wasser unter der Erde ist. Du sollst sie weder verehren noch dich vor ihnen zu Boden werfen, denn ich, der Herr, dein Gott, bin ein eifersüchtiger Gott! Ich lasse die Sünden derer, die mich hassen, nicht ungestraft, sondern ich strafe die Kinder für die Sünden ihrer Eltern bis in die dritte und vierte Generation. Denen aber, die mich lieben und meine Gebote befolgen, werde ich bis in die tausendste Generation gnädig sein.

3. Du sollst den Namen des Herrn, deines Gottes, nicht missbrauchen. Denn der Herr wird jeden bestrafen, der seinen Namen missbraucht.

4. Denk an den Sabbat und heilige ihn. Sechs Tage in der Woche sollst du arbeiten und deinen alltäglichen Pflichten nachkommen, der siebte Tag aber ist ein Ruhetag für

---

[269] 2.Mose 20,1-17 (NLB)

den Herrn, deinen Gott. An diesem Tag darf kein Angehöriger deines Hauses irgendeine Arbeit erledigen. Das gilt für dich, deine Söhne und Töchter, deine Sklaven und Sklavinnen, dein Vieh und für alle Ausländer, die bei dir wohnen. Denn in sechs Tagen hat der Herr den Himmel, die Erde, das Meer und alles, was darin und darauf ist, erschaffen; aber am siebten Tag hat er geruht. Deshalb hat der Herr den Sabbat gesegnet und für heilig erklärt.

5. Ehre deinen Vater und deine Mutter. Dann wirst du lange in dem Land leben, das der Herr, dein Gott, dir geben wird.

6. Du sollst nicht töten.

7. Du sollst nicht die Ehe brechen.

8. Du sollst nicht stehlen.

9. Du sollst keine falsche Aussage über einen deiner Mitmenschen machen.

10. Du sollst den Besitz deines Nächsten nicht begehren: Weder sein Haus, seine Frau, seinen Sklaven, seine Sklavin, sein Rind, seinen Esel oder sonst etwas, das deinem Nächsten gehört."

Diese Gebote sind universal und nach diesem Gesetz werden wir im Gericht Gottes beurteilt werden: „Redet so und handelt so wie Leute, die durchs Gesetz der

Freiheit gerichtet werden sollen."[270] In diesem Zitat von Jakobus werden die zehn Gebote als Gesetz der Freiheit und als Maßstab des Rechtes beschrieben. Das Gegenteil, das Nichtbeachten und Übertreten seiner Gebote, führt in die Gebundenheit und Verurteilung.

Er hat uns versprochen, dass er an uns wirken will und uns helfen will, danach zu handeln. „Ich erfülle euch mit meinem Geist und mache aus euch Menschen, die nach meinen Ordnungen leben, die auf meine Gebote achten und sie befolgen."[271] Gott will demnach an uns wirken, damit wir immer mehr nach seinen Lebensprinzipien leben können. Wenn er uns mit seinem Geist erfüllt, bedeutet das auch, dass die zehn Gebote seinem Wesen entsprechen. Die zehn Gebote zu befolgen, heißt dann Gottes Wesen, das von Liebe durchdrungen ist, anzunehmen.

Wir können durch das Halten der zehn Gebote vor Gott nicht perfekt sein.[272] Und doch werden die Lebensprinzipien Gottes unsere Freiheit und unser Lebensglück fördern, wenn wir sie beachten: „Glücklich sind die Menschen, die ihr Leben aufrichtig leben, die das Gesetz

---

[270] Jakobus 2,12 (LUT)
[271] Hesekiel 36,27 (GNB)
[272] Psalm 19,13

des Herrn befolgen. Glücklich sind die, die sich an seine Weisungen halten und ihn von ganzem Herzen suchen."[273]

Was wird in einer zukünftigen Welt unserem Leben Sinn geben und was hat das mit den zehn Geboten zu tun? Auf der neuen Erde haben wir zwar keine existenziellen Sorgen mehr, doch das macht nicht wirklich das Lebensglück aus. Es ist mehr nötig. Wir werden dann erkennen, dass der eigentliche Sinn des Lebens darin besteht, füreinander da zu sein. Wer liebt wie Gott, der wird ein erfülltes und glückliches Leben haben.

[273] Psalm 119,1.2 (LUT)

GEMEINSCHAFT

Wir sind soziale Wesen. Geteiltes Leid ist halbes Leid und geteilte Freude ist doppelte Freude. Sind wir in einer Krise, dann brauchen wir jemanden, der uns zuhört und uns annimmt. Freuen wir uns über etwas, dann wollen wir es mitteilen. Gott hat seinen Wunsch nach Gemeinschaft in uns eingepflanzt. Deshalb ist eine Gruppe von Menschen, die sich treffen, um über Gott und das Leben nachzudenken, sinnvoll. Das kann ein kleiner Gesprächskreis sein, in dem man sich wöchentlich trifft oder man besucht einen Gottesdienst, in dem die Inhalte der Bibel auf das Leben übertragen werden. Umrahmt von Liedern, Erfahrungen, Gebeten hat das Thema Gott und der Sinn des Lebens seinen Platz. Eine christliche Gemeinschaft ist sehr wichtig, weil Gott hier kein Tabuthema ist. Hier dürfen wir die wichtigsten Sinnfragen stellen und können gemeinsam Antworten suchen.

Doch wie und wo findet man solche Begegnungen und wie kann man sich orientieren? Nachdem Jesus Christus im Mittelpunkt der Bibel steht, sollte dies auch in einer christlichen Kirche so sein. Das zeigt sich darin, dass Jesus angebetet werden darf, weil er in der Bibel als Gott gleich betrachtet wird. Die Bibel spricht davon, dass Vater, Sohn und Heiliger Geist drei Persönlichkeiten in

Gott sind. Es ist ein Gott, aber in diesem Gott offenbaren sich drei Personen. Gott ist nach der Bibel ein Gemeinschaftswesen: „Die Gnade unseres Herrn Jesus Christus und die Liebe Gottes und die Gemeinschaft des Heiligen Geistes sei mit euch allen!"[274] Ein entscheidendes Merkmal einer christlichen Ausrichtung ist die Anerkennung der Dreieinigkeit Gottes, da wir nur auf dieser Grundlage Jesus persönlich vertrauen können. Jesus sagte: „Glaubt an Gott und glaubt an mich!"[275] Nur wenn Jesus Gott ist, kann ich mit ihm in eine Beziehung treten. Das haben die ersten Christen bekannt, indem sie Jesus Herr und Gott nannten.[276]

Ein weiteres wichtiges Merkmal der christlichen Gemeinschaft ist die Orientierung an den Aussagen der Apostel. Diese waren mit Jesus unterwegs und wussten aus erster Hand, was er lehrte. Für die ersten Christen waren das Alte und das Neue Testament der Maßstab für den Glauben an Jesus. Die ersten Christen hielten sich an die Lehren der Apostel. Für sie waren auch die zehn Gebote verbindlich. Die christliche Gemeinde glaubt an Jesus und hält seine Gebote.[277]

---

[274] 2.Korinther 13,13 (LUT)
[275] Johannes 14,1 (LUT)
[276] Johannes 20,28; Titus 2,13
[277] Offenbarung 14,12

184

Das dritte wesentliche Merkmal ist der Respekt vor dem freien Willen und dem selbstständigen Denken des Menschen. Jesus hat sehr viele Fragen gestellt, um seine Zuhörer zum Nachdenken zu bringen und den mündigen Glauben zu fördern. Die ersten Christen haben von Jesus erzählt und es den Zuhörern überlassen, wie sie darauf reagieren. Sie haben nie jemanden gezwungen, sondern immer ermutigt, Jesus zu vertrauen.

Lukas berichtet in der Apostelgeschichte: „Was sie von Petrus hörten, traf sie ins Herz, und sie fragten ihn und die anderen Apostel: »Brüder, was sollen wir tun?« Petrus antwortete ihnen: »Kehrt euch ab von euren Sünden und wendet euch Gott zu. Lasst euch alle taufen im Namen von Jesus Christus zur Vergebung eurer Sünden. Dann werdet ihr die Gabe des Heiligen Geistes empfangen. « … Diejenigen, die glaubten, was Petrus gesagt hatte, wurden getauft und gehörten von da an zur Gemeinde – insgesamt etwa dreitausend Menschen."[278]

In diesem Bericht wird deutlich, dass die dreitausend Personen zuerst die Botschaft hörten, annahmen und erst dann getauft wurden. Der Respekt vor dem freien Willen des Menschen ist für Gott ein hohes Gut, deshalb kann es in der christlichen Gemeinde nur eine Taufe

---

[278] Apostelgeschichte 2,37-41 (NLB)

geben, für die ich mich selbst entschieden habe. Zuerst ist die Verkündigung, dann der Glaube der Zuhörer und schließlich die persönliche Entscheidung für die Taufe.

Jesus hat seinen Nachfolgern, bevor er diese Erde verlassen hat, eine Aufgabe gegeben. Dabei spricht er die drei genannten Kennzeichen einer christlichen Gemeinschaft an: „Mir ist alle Macht im Himmel und auf der Erde gegeben. Darum geht zu allen Völkern und macht sie zu Jüngern. Tauft sie im Namen des Vaters und des Sohnes und des Heiligen Geistes und lehrt sie, alle Gebote zu halten, die ich euch gegeben habe. Und ich versichere euch: Ich bin immer bei euch bis ans Ende der Zeit."[279]

VERTRAUEN

Jetzt ist die Zeit gekommen, dass wir uns von unserer Terrasse verabschieden müssen. Mit welcher Fluggesellschaft fliegen Sie in den Urlaub? Fliegen Sie gerne, trotz der Abstürze, die es hin und wieder gibt? Woher wissen Sie, dass Sie nicht diesmal in einem Flugzeug sitzen, das abstürzen wird? Ich lade Sie ein, mehr Beweise zu sammeln, ob Sie auch wirklich sicher sind. Wussten Sie, dass manchmal Piloten betrunken sind, wenn sie ein Flugzeug steuern? Warum steigen Sie ins Flugzeug, ohne den Piloten zu fragen, ob er nüchtern ist? Das sind eigenartige Fragen, ich weiß! Denn statistisch ist das Flugzeug das sicherste Transportmittel, aber trotzdem beschleicht uns manchmal eine gewisse Unsicherheit. Ohne dass wir darüber viel nachdenken, schenken wir den Fluggesellschaften und den Piloten unser Vertrauen.

Wir schenken uns an vielen Stellen im Alltag Vertrauen. Wenn wir beim Bäcker Brötchen kaufen, reißen wir sie auf, um nachzusehen, ob darin ein Insekt mitgebacken wurde? Wir vertrauen. Wenn wir unser Papiergeld verwenden, dann vertrauen wir alle gemeinsam, dass das Geld einen bestimmten Wert hat.

Wenn wir mit dem Auto unterwegs sind, vertrauen wir, dass sich die anderen Autofahrer an die Verkehrsregeln halten. Diesen Vertrauensgrundsatz haben wir in der Fahrschule gelernt. Wenn wir uns verlieben, vertrauen wir der Liebe des anderen. Es ist nicht möglich eine Beziehung aufzubauen ohne Vertrauensvorschuss. Vertrauen ist die Grundlage aller unserer Interaktionen. Warum soll das in der Beziehung zu Gott anders sein? Gott erwartet nicht mehr von uns als das, was wir einander täglich geben - Vertrauen. Blaise Pascal meint: „Gott gibt uns so viel Licht, dass wer glauben will, glauben kann. Und er lässt so viel im Dunkeln, dass wer nicht glauben will, nicht glauben muss."

Wir haben viele Hinweise, dass wir uns auf Gott verlassen können. Das haben wir im Laufe unserer Überlegungen über die Wunder des Lebens gesehen. Aus dieser Perspektive dürfen wir erkennen, dass Jesus uns in unserem Leben begleitet, führt und wir bei ihm gut aufgehoben sind. Bedenken Sie, was es bedeutet, dass Jesus auf diese Welt gekommen ist. Er hat die Menschen ermutigt, bei ihm den Sinn des Lebens finden. Das gilt auch für Sie und mich heute. Reden Sie mit ihm und hören Sie auf ihn. Er wird Wege finden zu Ihnen zu sprechen - durch die Wunder des Lebens, durch Erfahrungen, durch Ihr Empfinden, durch andere Menschen, und nicht zuletzt durch die Bibel.

Ich wünsche Ihnen ein erfülltes und glückliches Leben mit Jesus Christus. Er will mit Ihnen in alle Ewigkeit verbunden sein und sagt zu Ihnen: „Gott hat die Welt so sehr geliebt, dass er seinen Sohn gab, damit alle, die ihm vertrauen, ewiges Leben haben." „Wer zu mir kommt, den werde ich nicht zurückweisen." „Vertraut Gott und vertraut mir! Ich will wiederkommen und euch zu mir nehmen!" „Bleibt mit mir verbunden." „Folgt mir nach!" „Kommt her zu mir, die ihr euch abplagt. Ich werde euch Ruhe geben." „Ich bin immer bei euch, jeden Tag, bis zum Ende der Welt."[280]

Jesus hört Sie! Er kennt Ihr Leben! Er begleitet Sie in guten wie in schlechten Zeiten! Und er hat für Sie nur das Beste im Sinn, denn er ist ein guter Gott.

---

[280] Frei zitiert aus: Johannes 3,16; 6,37; 14,1-3; 15,1-5; Matthäus 4,19; 11,28-30; 28,20

WIR SEHEN UNS

Ich möchte mit Ihnen zum Strand hinunter gehen. Die Sonne strahlt knapp über dem Horizont wie bei unserem ersten Treffen. Ich nehme die Bibel mit und schlage Psalm 139 auf. Dieses Lied fasst viele Gedanken, über die wir uns schon einige Tage unterhalten haben, zusammen. Der Psalm spricht über das größte Wunder des Universums. Es ist Gott selbst, den wir nie ganz erfassen und verstehen werden, aber der sich uns zuwendet und Teil unseres täglichen Lebens sein möchte

Die Meeresluft, die Wellen, der weiße Strand und das unendlich anmutende Meer sind das ideale Bild zu den folgenden Worten:

„Herr, du durchschaust mich, du kennst mich bis auf den Grund. Ob ich sitze oder stehe, du weißt es, du kennst meine Pläne von ferne. Ob ich tätig bin oder ausruhe, du siehst mich; jeder Schritt, den ich mache, ist dir bekannt. Noch ehe ein Wort auf meine Zunge kommt, hast du, Herr, es schon gehört.

Von allen Seiten umgibst du mich, ich bin ganz in deiner Hand. Dass du mich so durch und durch kennst, das übersteigt meinen Verstand; es ist mir zu hoch, ich kann es nicht fassen. Wohin kann ich gehen, um dir zu entrinnen, wohin fliehen, damit du mich nicht siehst?

Steige ich hinauf in den Himmel – du bist da. Verstecke ich mich in der Totenwelt – dort bist du auch. Fliege ich dorthin, wo die Sonne aufgeht, oder zum Ende des Meeres, wo sie versinkt: auch dort wird deine Hand nach mir greifen, auch dort lässt du mich nicht los.

Sage ich: »Finsternis soll mich bedecken, rings um mich werde es Nacht«, so hilft mir das nichts; denn auch die Finsternis ist für dich nicht dunkel und die Nacht ist so hell wie der Tag.

Du hast mich geschaffen mit Leib und Geist, mich zusammengefügt im Schoß meiner Mutter. Dafür danke ich dir, es erfüllt mich mit Ehrfurcht. An mir selber erkenne ich: Alle deine Taten sind Wunder! …

Durchforsche mich, Gott, sieh mir ins Herz, prüfe meine Wünsche und Gedanken! Und wenn ich in Gefahr bin, mich von dir zu entfernen, dann bring mich zurück auf den Weg zu dir!"[281]

Dieser Psalm beschreibt, dass Gott uns kennt, in unserer Nähe ist, über unsere Zukunft Bescheid weiß und uns

---

[281] Psalm 139,1-14.23.24 (GNB)

begleiten und führen will. Mit diesem Zuspruch möchte ich mich von Ihnen verabschieden. Es hat mich gefreut, mit Ihnen diesen Blick auf das Meer und die Wunder des Lebens zu teilen.

Seien Sie gesegnet und behütet von dem Schöpfer und Erlöser der Welt.

Wir sehen uns – hier auf dieser
oder auf der neuen Erde!
Ihr Peter Zaiser

Unser Leben von oben

144 Schritte durch die Offenbarung des Johannes

© Peter Zaiser, 2. überarbeitete Auflage 2020, Books on Demand, Norderstedt, ISBN: 978-3-7494-2868-7

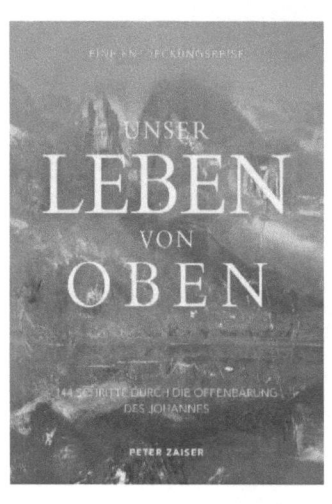

"Unser Leben von oben" schenkt einen neuen ermutigenden Blick auf unsere Welt und unser Leben. Es bietet Orientierung zu den wichtigsten Lebensfragen. Es bringt Frieden und Sicherheit, weil es uns zeigt, dass Gott das Beste für uns will. Das Vertrauen wird stärker, loslassen wird leichter und die Dankbarkeit wird intensiver. "Unser Leben von oben" ist eine Mischung aus Kommentar, Meditation und Anwendung für das persönliche Leben. Ziel ist es, die konkrete sinngebende Bedeutung zu erfassen und eine Begegnung mit Gott zu fördern. In kleinen Schritten gelingt es dem Autor die umfassenden Inhalte verständlich zu erklären und auf die eigenen Lebensthemen anzuwenden. Zuletzt wird der Leser einen sehr guten Überblick über die Struktur und die Botschaft der Offenbarung erhalten und im Vertrauen zu Gott und zum Leben gestärkt sein.

Folgende Fragen werden besprochen:

1. Woher kommt die Offenbarung des Johannes und warum wurde sie geschrieben?

2. Nimmt Gott Anteil an unserem Leben? Was ist ihm dabei für unsere persönliche Entwicklung wichtig?

3. Wie können wir erkennen, dass Gott gut und gerecht ist, obwohl Leid, Schuld und Tod die Welt dominieren?

4. Wie können wir mit Gott in Verbindung bleiben und das Vertrauen zu ihm festigen, trotz äußerer und innerer Widerstände?

5. Wen oder was bete ich an? Woher kommt die Anbetung der falschen Götter?

6. Wie sind der Zorn und das Gericht Gottes vereinbar mit der Vorstellung eines liebenden Schöpfers?

7. Können wir uns auf die Aussagen der Offenbarung verlassen?

Rückmeldungen: Unser Leben von oben

"Durch die Aufteilung in kleine Abschnitte liest es sich sehr gut. Ich bin überrascht über den neuen Zugang."

D.H. aus Deutschland

"Einfach toll geschrieben und lässt sich auf das persönliche Leben gut übertragen. Ich habe gleich 10 Stück bestellt."

G.S. aus Deutschland

"Danke, dass Sie dieses Buch geschrieben haben."

E.K. aus Österreich

Kontaktmöglichkeit

Wenn Sie mit dem Autor Kontakt aufnehmen, Rückmeldung geben oder das Buchprojekt für Verteilaktionen unterstützen wollen, können Sie folgende Emailadresse verwenden: **treff.leben@gmx.de**

Rückmeldungen: Unser Leben voller Wunder

„Ich konnte gar nicht aufhören zu lesen. Habe das Buch in einer Nacht durchgelesen."   *W.N. aus Deutschland*

„Sehr interessant geschrieben und dann noch der lesefreundliche Text mit überschaubaren Abschnitten und angenehmer Schriftgröße."   *I.R. aus Deutschland*

„Ich bin begeistert von dem Buch und freue mich, dass ich es vielen meiner Freunde und Bekannten schenken darf."   *F.W. aus Österreich*

„Ein sehr wertvolles Buch. Gefällt mir sehr gut!"   *R.R. aus Österreich*

„Sie haben die Fähigkeit komplexe Themen verständlich zu vermitteln. Danke!"   *M.B. aus Deutschland*

„Habe es in zwei Tagen gelesen und 50 Stück für meine Verwandten und Freunde bestellt."   *H.T. aus Österreich*